나·를·허·물·고·주·님·을·세·우·는 삶

KB192268

나를 허물고 주님을 세우는 삶

초 판 1쇄 발행 1993년 10월 20일
개정판 1쇄 발행 2007년 6월 15일
개정판 14쇄 발행 2025년 2월 27일

지은이   앤드류 머레이
옮긴이   박이경

펴낸이   곽성종
펴낸곳   (주)아가페출판사
등록   제21-754호(1995년 4월 12일)
주소   (08806) 서울시 관악구 남부순환로 2082-33 (남현동)
전화   584-4835(본사), 522-5148(편집부)
팩스   586-3078(본사), 586-3088(편집부)
홈페이지   www.agape25.com
판권   ⓒ (주)아가페출판사 2007
ISBN   978-89-537-8022-4

분당직영서점   전화 (031)714-7273 | 팩스 (031)714-7177
인터넷서점   www.agapemall.co.kr
             * 인터넷에서 '아가페몰'을 검색하세요.

이 책은 저작권법에 의해 한국 내에서 보호를 받는 저작물이므로 무단 전재와 복제를 금합니다.
별도의 표기가 없는 모든 성경 구절은 개역개정 성경을 인용한 것입니다.

아가페 출판사

앤드류 머레이 영성 시리즈 1

나·를·허·물·고·주·님·을·세·우·는 삶

앤드류 머레이 | 박이경 옮김

아가페

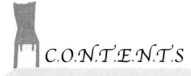

C.O.N.T.E.N.T.S

1. 육신에 속한 그리스도인

> 형제들아 내가 신령한 자들을 대함과 같이 너희에게 말할 수 없어서
> 육신에 속한 재(를) … 대함과 같이 하노라(고전 3:1).

고린도전서 3장에서 바울 사도는 그리스도인의 삶에 두 가지 단계, 즉 그리스도인의 두 가지 유형에 관해 언급하고 있습니다. "형제들아 내가 신령한 자들을 대함과 같이 너희에게 말할 수 없어서 육신에 속한 자 곧 그리스도 안에서 어린아이들을 대함과 같이 하노라"(1절). 고린도 교인들은 그리스도 안에 있었지만, 신령한 자들이 아니라 육신에 속한 자들이었습니다. "내가 너희를 젖으로 먹이고 밥으로 아니하였노니 이는 너희가 감당하지 못하였음이거니와 지금도 못하리라 너희는 아직도 육신에 속한 자로다"(2-3절 상). 여기서 사도는 육신에 속한 자라는 말을 두 번째 사용했습니다. "(그 이유는) 너희 가운데 시기와 분쟁이 있으니 어찌 육신에 속하여 사람을 따라 행함이 아니리요 어떤 이는 말하되 나는 바울에게라 하고 다른 이는 나는 아볼로에게라 하니 너희가 육의 사람이 아니리요"(3절 하-4). 바울은 이 구절들에서 육신에 속한 자라는 말을 네 번이나 반복하여 사용했습니다.

성령님이 주시는 지혜로 말미암아 바울 사도는 자신이 고린도 교인들의 상태를 바로 깨닫지 못한다면, 그리고 그들에게 그 사실을 말해 주지 않는다면, 어떤 교훈도 전달할 수 없다고 생각했습니다. 바울이 만일 육신에 속한 그리스도인들에게 신령한 양식을 공급한다면, 이는 그들을 이롭게 하기보다 오히려 해를 끼칠 것입니다. 왜냐하면 육신에 속한 자들은 영의 양식을 소화할 능력이 없기 때문입니다. 바울은 고린도 교인들에게 밥을 먹일 수가 없었으므로 젖을 먹여야 했습니다. 그래서 편지의 서두에서 그들의 상태에 관해 언급했습니다.

앞의 두 장에서 바울은 자신의 사역이 성령님에 의한 것이라고 주장했습니다. 그리고 이제 그는 하나님의 백성들이 어떤 상태에 있어야 신령한 진리를 받아들일 수 있는지 가르치기 시작합니다. "나는 너희에게 하고 싶은 말을 전부 전할 수가 없다. 왜냐하면 너희가 육신에 속해 있어서 신령한 진리를 받아들일 수 없기 때문이다." 이 말씀은 그리스도의 교회 안에 두 부류의 그리스도인들이 존재한다는 엄연한 사실을 우리에게 가르쳐 줍니다. 한 부류는 오래된 신자이면서도 여전히 어린아이의 상태에 머물러 있는 사람들이고, 다른 한 부류는 성령님의 능력과 인도, 즉 그분의 전적인 통치에 자기 자신을 온전히 내어드린 신령한 사람들입니다. 복 있는 사람이 되려면, 먼저 우리는 자신이 어느 부류에 속해 있는지를 살펴보아야 합니다. 당신은 하나님의 은혜로 말미암아 깊은 겸손 가운데 신령한 삶을 살고 있습니까, 아니면 육신에 속한 삶을 살고 있습니까? 그럼 여기서 먼저, 많은 신자들이 속해 있는 육신의 상태가 무엇인지 살펴봅시다.

■ ■ ■ 육에 속한 사람의 첫 번째 특징 **계속되는 유아기**

고린도 교회는 육신에 속한 상태의 네 가지 특징을 가르쳐 주고 있습니다. 첫째, 유아기(乳兒期)가 너무 오래 지속된 상태입니다. 예를 들어, 부모는 태어난 지 여섯 달된 사랑스러운 아기가 말을 잘 못하거나 걷지 못한다고 해서 근심하지 않습니다. 이것은 당연하고 자연스러운 일입니다. 그런데 아기가 돌이 지나고 3년이 흘렀는데도 여전히 그 상태에서 더 자라지 않는다고 생각해 봅시다. 그러면 "우리 아이에게 무슨 큰 병이 있는 게 틀림없어" 하고 말하게 될 것입니다. 여섯 달이 되었을 때 모든 사람들에게 큰 기쁨을 주었던 아기는 이제 어머니와 주위 사람들에게 근심과 눈물을 안겨주게 될 것입니다. 나이에 맞는 발육상태를 보여주지 않는다면 아기에게 어떤 문제가 있는 것이기 때문입니다. 태어난 지 여섯 달밖에 안 된 아기가 우유밖에 먹지 못하는 것은 너무나 당연하지만, 몇 년이 흘렀는데도 여전히 성장하지 못하는 것은 심각한 문제가 아닐 수 없습니다.

가슴 아프게도 많은 신자들이 이와 같은 상태에 빠져 있습니다. 그들은 회심했고, 확신과 믿음을 갖는 것이 무엇을 의미하는지도 알고 있습니다. 그들은 죄 사함을 믿고 있고 하나님을 위한 사역도 시작했습니다. 그러나 영성이나 실제 신앙 생활에서의 성장은 너무도 미미합니다. 그들과 이야기를 해보면, 그들에게 무언가가 빠져 있다는 것을 느끼게 됩니다. 그 속에서 거룩한 하나님의 영과 능력을 발견할 수 없습니다. 이것이 육신에 속한 고린도 교인들의 상태였습니다. 그리고 히브리 교인들도 이와 같은 질책을 받았습니다.

"때가 오래되었으므로 너희가 마땅히 선생이 되었을 터인데 너희가 다시 하나님의 말씀의 초보에 대하여 누구에게서 가르침을 받아야 할 처지이니"(히 5:12). 회심한 지 5년, 10년, 20년이 지났는데도 여전히 성장이나 능력이나 거룩함의 기쁨을 찾아보기 힘든 신자를 바라보는 것은 얼마나 서글픈 일입니까?

유아는 어떤 특징을 보여줍니까? 한 가지는 자립할 수 없다는 것입니다. 누군가가 그를 돕기 위해 항상 준비하고 있어야 합니다. 집에 누워 있는 아기를 보십시오. 집안에서 얼마나 전제적(專制的)인 존재입니까! 어머니는 대문 밖으로 나갈 수조차 없습니다. 아이를 돌볼 사람이 항상 곁에 있어야 합니다. 끊임없이 도움의 손길이 필요합니다. 하나님은 다른 사람들을 돌볼 수 있는 존재로 사람을 창조하셨습니다. 그러나 갓난아기는 다른 사람들의 보살핌과 도움을 받도록 만드셨습니다. 그런데 그리스도인 가운데도 이같이 항상 도움이 필요한 사람이 있습니다. 목사님이나 다른 믿음의 친구들이 끊임없이 그를 가르치고 위로해 주어야 합니다. 그들은 교회와 기도 모임과 집회에 나가지만 항상 도움 받기만을 원합니다. 이것이 바로 영적 유아의 표시입니다.

유아의 또 다른 특징은 다른 사람을 도울 수 없다는 것입니다. 모든 개인은 사회의 복지에 일조해야 할 의무가 있습니다. 누구든지 감당해야 할 지위와 책임져야 할 일이 있습니다. 그러나 어린 아기는 공공 복지를 위해 아무것도 할 수가 없습니다. 많은 그리스도인들의 상태가 바로 이러합니다. 그들이 할 수 있는 일이 얼마나 보잘것없습니까! 그들은 요청을 받아야만 일에 참여합니다. 그들이 신령한 능력을 발휘하고 참된 복을 전달하는 일은 거의 없습니다. 우리는 이렇게 자문해 보아야 합니다. "나는 영적인 유아 상태를 벗어났는가?" 이 질문에 다음과 같이 대답할 사람들이 있을 것입니다. "아니, 내 믿음은 성장하지 않고 오히려 퇴보한 것 같아. 회심의 기쁨과 첫사랑을 언제 느꼈는지 가물가물해." 이런 일이 발생하다니! 이들이 바로 그리스도 안에 있는 어린아이입니다. 이들은 아직도 육신에 속해 있습니다.

육신에 속한 상태의 두 번째 특징은 죄와 실패가 끊이지 않는다는 것입니다. 바울은 이렇게 반문했습니다. "너희 가운데 시기와 분쟁이 있으니 어찌 육신에 속하여 사람을 따라 행함이 아니리요"(고전 3:3). 사람은 자기의 기질을 잘 다스리지 못합니다. 목사나 복음 전도자, 주일 학교 교사, 혹은 기도 모임에 열심을 내는 사람도 그럴 수 있습니다. 그래서 자주 분쟁과 반목과 시기를 나타냅니다. 이 얼마나 애석한 일입니까! 갈라디아서 5장 20절은 분쟁과 시기야말로 육신의 정욕에서 비롯된 것이라고 가르칩니다. 우리는 함께 모이는 그리스도인들 사이에서 얼마나 자주 이러한 분쟁과 반목을 목격하곤 합니까! 성령의 열매, 곧 사랑이 그토록 자주 배척당하는 이 현실에 대하여 하나님이 특별한 자비를 내려 주시기를 기도합니다.

당신은 이렇게 질문할지 모릅니다. "저는 20년 동안 제 기질을 다스려 보려고 애썼습니다. 하지만 제 기질을 뛰어넘을 수 없었어요. 왜일까요?" 그것은 기질의 뿌리와 싸우지 않았기 때문입니다. 당신은 자신이 육신에 속해 있고 하나님의 영에 올바로 순종하지 않았기 때문에 그런 상태에 빠졌다는 것을 깨닫지 못했습니다. 당신은 그동안 이런 사실을 전혀 배우지 못했을지 모릅니다. 아니면 당신이 하나님의 말씀에서 그것을 찾아보지 않았거나, 혹은 그것을 믿지 않았는지도 모릅니다.

그러나 이것은 엄연한 사실이고, 하나님의 진리는 불변합니다.

예수 그리스도는 우리에게 죄를 이길 힘을 주실 수 있고, 죄악에서 우리를 구원하실 능력이 있습니다. 저는 당신에게 죄의 뿌리가 완전히 근절될 것이라든지, 혹은 타고난 죄의 본성이 모두 제거될 것이라고는 말하지 않겠습니다. 그러나 성령님이 능력으로 우리에게 임하실 때, 그분은 신령한 은혜로 우리의 마음을 가득 채워주실 것입니다. 그때야 비로소 우리는 죄를 이기고 육신의 정욕에서 벗어날 능력을 갖게 될 것입니다.

당신은 사랑의 결핍이나 자의식 그리고 분쟁에서 뿐만 아니라 그 밖의 다른 죄들에서도 육신에 속한 상태의 특징을 발견할 것입니다. 우리는 그리스도인의 활동에서 얼마나 많은 속된 일들과 얼마나 많은 야망과 얼마나 많은 명예욕을 발견하게 됩니까! 이런 것들은 다 육신에 속한 삶의 열매들입니다. 우리는 육신에 속한 상태가 지속적인 죄와 실패의 상태라는 것을 깨달아야 합니다. 그리고 또한 하나님은 우리가 모든 죄들을 낱낱이 자백하기를 원하실 뿐만 아니라, 이러한 죄악들이 우리가 현재 정상적인 삶을 살고 있지 않다는 표시, 다시 말해서 우리가 아직도 육신에 속한 자들이라는 표시임을 겸손히 인정하기를 바라신다는 것을 기억해야 합니다.

■ ■ ■ 육에 속한 사람의 세 번째 특징 **은사는 많으나 은혜는 없다**

　　육신에 속한 상태의 세 번째 특징은 수많은 신령한 은사들과 관련
된 것입니다. 은사와 은혜에는 서로 다른 점이 있습니다. 성령님의 은혜
는 그리스도의 겸손이나 사랑과 동일한 성질의 겸손과 사랑을 말합니
다. 성령님의 은혜는 우리를 자아에서 해방시키지만, 성령님의 은사는
우리를 일하기에 적합하게 만듭니다. 고린도 교회에서 그 예를 찾아볼
수 있습니다. 바울은 고린도전서 1장에서 이렇게 말했습니다. "내가 너
희를 위하여 항상 하나님께 감사하노니 이는 너희가 그 안에서 모든 일
곧 모든 언변과 모든 지식에 풍족하므로"(4-5절). 또한 12장과 14장을 읽
다 보면 고린도 교회에 예언과 기적을 행하는 은사가 많았다는 사실을
알 수 있습니다. 그러나 성령님의 은혜는 별로 찾아볼 수 없습니다.

　　이러한 현상은 비단 고린도 교인들이 살던 시대뿐만 아니라 현시
대에서도 볼 수 있습니다. 우리는 복음을 전하는 목사일 수도 있습니
다. 우리는 하나님의 말씀을 아름답게 전할 능력도 가지고 있습니다.
우리는 언변이 유창하고 큰 회중을 끌어 모을 재간도 있습니다. 그러나
애석하게도 우리는 하나님께 쓰임을 받아 다른 사람들에게 복음을 전
하면서도 실상은 육신에 속한 삶을 사는 사람일 수 있습니다.

　　일상적으로, 사물의 명칭은 그것의 가장 두드러진 특성에 따라
붙여집니다. 육신에 속한 고린도인들이라는 명칭이 의미하는 것은 하

나님의 영의 역사는 별로 없고 육신의 일이 현저하여, 성령님이 그들의 삶 전체를 통치하시지 않는다는 의미입니다. 또 한편으로, 신령한 사람들이라는 명칭은 그들 안에 육신의 일이 조금도 없다는 의미가 아니라, 그들 안에 거하시는 성령님이 주도권을 쥐고 계시다는 뜻입니다. 따라서 그들을 만나거나 그들과 대화를 나눌 때 하나님의 영이 그들을 거룩하게 하셨다는 사실을 사람들이 즉각 느낄 수 있다는 의미입니다.

우리는 복의 근원이신 하나님이 우리에게 일을 맡겨주셨다고 해서 자신의 실체를 기만한 채 그분이 우리를 이렇게 축복해 주셨기 때문에 우리는 신령한 사람임에 틀림없다고 단정 짓는 잘못을 범하지 않도록 늘 경계해야 합니다. 하나님이 우리에게 현재 사용하고 있는 어떤 은사들을 주셨을지라도, 실제 우리의 삶은 성령님의 능력 가운데 전적으로 거하지 않을 수 있습니다.

■ ■ ■ 육에 속한 사람의 네 번째 특징 **신령한 진리를 받아들이지 못함**

육에 속한 상태의 네 번째 특징은 신령한 진리들을 받아들이는 데 무능력하다는 것입니다. 이것은 바울 사도가 고린도 교인들에게 전한 바로 그 내용입니다. "나는 신령한 자들을 대함과 같이 너희에게 설교를 할 수 없다. 그리스도인들이 된 지 그렇게 오래되었는데도 너희는 신령한 진리를 받기에 적합하지 않다. 너희는 이것을 감당할 수가 없다. 그래서 나는 할 수 없이 너희를 젖으로 먹일 수밖에 없다." 저는 요즘의 교회들이 심각한 잘못을 범하고 있는 것이 우려됩니다. 우리의 회중은 대다수가 육신에 속한 자들입니다. 그런데 우리는 이러한 사람들에게 신령한 교훈을 주고 있습니다. 그들은 이것을 찬양하고 이해하며, 이러한 목회 활동을 기뻐합니다. 하지만 그들의 삶에는 실제로 어떤 변화도 일어나지 않습니다. 그들은 어떤 방식으로든 그리스도를 위해 일합니다. 그러나 그들에게서 성령님의 참된 거룩함을 발견하기가 어렵습니다. 우리는 그들을 신령한 사람, 성령으로 충만한 사람이라고 부를 수 없습니다.

이제 이 진리를 우리 자신에게 적용해 봅시다. 매우 열성적이고 다른 사람에게 전해 들은 교훈을 모두 진심으로 받아들이는 그리스도인이 있다고 가정해 봅시다. 그는 분별력을 가지고 있습니다. 이것은 일종의 은사입니다. 그는 "이 사람은 이런 면에서 나에게 도움이 되고, 저 사람은 저런 면에서 나에게 도움이 돼. 그리고 또 다른 사람은 이러이러한 은사에 탁월하다"라고 말할 수 있습니다. 그러나 육신에 속한 삶이 그의 안에서 늘 강하게 활동하기 때문에, 친구나 믿음의 사역자 혹은 세상 사람들과의 사이에서 분쟁이 일어날 때면, 그 육적인 뿌리가 늘 가공할 만한 결과를 낳게 합니다. 이때 신령한 양식은 도무지 그의 마음속으로 들어갈 수가 없습니다.

우리는 여기에 주의해야 합니다. 고린도 교인들의 예에서 교훈을 얻어야 합니다. 바울은 그들이 무식하거나 어리석은 민족이기 때문에 "너희는 내가 전하고자 하는 이 진리를 감당할 수 없다"라고 말하지 않았습니다. 고린도 교인들은 자기들의 지혜를 자랑했고 다른 무엇보다 이 지혜를 열심히 추구했습니다. 바울은 이런 뜻으로 말한 것입니다. "나는 너희가 언변과 지식과 지혜에 뛰어난 것을 하나님께 감사드린다. 하지만 그럼에도 불구하고 너희는 아직도 육신에 속해 있고 너희의 삶은 거룩하지 않다. 너희의 삶은 하나님의 어린 양이 몸소 보여 주셨던 겸손한 삶에까지 성화되지 않았다. 너희는 아직도 신령한 참 진리를 받아들일 수 없다."

육신에 속한 상태는 고린도 교회뿐만 아니라 오늘날 기독교계 도처에서 나타나고 있습니다. 많은 그리스도인들이 이렇게 질문할 것입니다. "왜 교회 안에 이런 연약함이 나타날까요?" 우리는 심각하게 이러한 의문을 품어야 합니다. 그러면 하나님이 그 이유를 우리의 마음속에 직접 계시하셔서, 결국은 우리가 다음과 같이 기도하게 되리라고 확신합니다. "이러한 상태는 반드시 변화되어야 합니다. 우리에게 은혜를 베풀어 주십시오." 그러나 이러한 기도와 변화는 육신의 뿌리가 신자들의 마음을 꽉 움켜쥐고 있다는 사실과 여기에 매여 있는 자들은 성령님을 따르기보다 오히려 육신을 따라 살고 있다는 사실, 그리고 그들은 아직도 육신에 속한 그리스도인들이라는 사실을 바로 깨닫기 전에는 오지 않을 것입니다.

육신에 속한 자에서 신령한 자로 변화되는 것에 대해 생각해 봅시다. 바울은 신령한 신자들을 발견했습니까? 바울은 의심의 여지없이 발견했습니다. 갈라디아서 6장을 읽어보십시오. 이 교회에는 분쟁과 반목과 시기가 가득했습니다. 그러나 사도는 첫 절에서 이렇게 말했습니다. "형제들아 사람이 만일 무슨 범죄한 일이 드러나거든 신령한 너희는 온유한 심령으로 그러한 자를 바로잡고." 여기서 우리는 신령한 자의 특징이 죄에 빠진 자들을 돕고 바로잡을 수 있는 온유함, 능력, 그리고 사랑이라는 사실을 배울 수 있습니다. 육신에 속한 자는 이런 일을 할 수가 없습니다. 이 땅에서 구현해야 할 참된 신령한 삶이라는 말을 들을 때, 다음과 같은 큰 의문이 떠오를 것입니다. "그 길은 열려 있는가? 그렇다면 나는 어떻게 그러한 신령한 수준에 도달할 수 있겠는가?" 다음은 이러한 질문에 대한 네 가지 간단한 답변입니다.

■ ■ ▫ 신령한 신자가 되는 길 그렇게 될 것을 믿는다

첫째, 우리는 사람이 땅에서 구현해야 할 신령한 삶이 있다는 사실을 알아야 합니다. 불신만큼 그리스도인의 삶의 뿌리를 뒤흔드는 것은 없습니다. 사람들은 하나님이 당신의 자녀들을 위해 행하시겠다고 말씀하신 것을 믿지 않습니다. 사람들은 "성령의 충만을 받으라"는 하나님의 말씀이 모든 그리스도인을 향한 말씀이라는 사실을 믿지 않습니다. 이러한 현실에도 불구하고 바울은 에베소 교인들에게 이렇게 썼습니다. "술 취하지 말라 이는 방탕한 것이니 오직 성령으로 충만함을 받으라"(엡 5:18). 포도주를 마시면 취할 수밖에 없듯이, 성령님으로 충만하지 않고는 결코 신령한 삶을 살 수 없습니다. 하나님이 이러한 삶을 신자들이 살아야 할 마땅한 삶으로 여기신다면, 우리는 이러한 삶이 가능하고 신령한 삶이 우리의 의무이며 우리도 신령한 자가 될 수 있다는 사실을 믿음 안에서 마음으로 분명하게 확신할 때까지 하나님의 말씀을 연구하고 신뢰해야 합니다. 우리는 하나님의 말씀을 통해, 성령님이 사람의 마음속에 합당한 삶을 살 만한 능력을 주시지 않는다면, 하나님이 단 일분이라도 그에게 이러한 삶을 기대하시지 않는다는 사실을 알고 있습니다.

설교를 할 때나 마귀에게 시험을 당할 때, 혹은 어떤 무거운 짐을 져야 할 때만 성령님이 필요한 것이 아닙니다. 하나님은 "매순간 성령의 인도를 받지 않는다면 내 자녀들은 결단코 올바른 삶을 살 수 없다"라고 말씀하십니다. "무릇 하나님의 영으로 인도함을 받는 사람은 곧 하나님의 아들이라"(롬 8:14). 이것이 하나님의 자녀된 표시입니다. 로마서 5장은 이렇게 가르칩니다. "우리에게 주신 성령으로 말미암아 하나님의 사랑이 우리 마음에 부은 바 됨이니"(5절). 모든 신자는 매일 이런 경험을 해야 합니다. 임종 직전에만 하는 경험이어서는 안됩니다. 어느 부모가 "나는 오늘 하루만 우리 아이들이 나를 사랑해 주기를 바란다"

라고 말하겠습니까? 부모는 자녀에게 매일매일의 사랑을 기대합니다.

마찬가지로 하나님도 자녀들의 마음이 매순간 성령의 사랑으로 가득 차기를 바라십니다. 성령으로 충만하지 않은 사람에게 온전한 사랑을 기대하는 것보다 하나님의 눈에 더 기이한 일은 없습니다. 우리는 신령한 사람이 될 수 있다는 것을 믿어야 합니다. 우리를 기다리고 있는 이 복을 인하여 하나님께 감사하십시오. "성령의 충만을 받으라." "하나님의 영으로 인도함을 받으라." 바로 여기에 하나님이 주시는 복이 있습니다.

당신이 "하나님 아버지, 저는 이러한 복을 받지 않았습니다"라고 기도해야 한다면, 그렇게 하십시오. 그러나 여기에 덧붙여 이렇게 간구하십시오. "주님, 저는 이러한 복을 받는 것이 저의 의무이며 저의 진정한 순종이라는 것을 알고 있습니다. 왜냐하면 이런 복이 없다면, 저는 하루 종일 아버지와 온전한 평화를 누릴 수가 없고 아버지를 영화롭게도 할 수 없으며 아버지가 원하시는 일을 할 수 없기 때문입니다." 다시 말해서 신령한 삶, 성령을 따라 행하는 일이 우리의 능력 범위 안에 있다는 사실을 깨닫는 것이 육신에 속한 자에서 신령한 자로 진일보하는 첫 단계입니다. 마땅히 구현해야 할 신령한 삶이 있다는 사실을 분명하게 확신하지 못한다면, 어떻게 하나님께 신령한 삶으로 우리를 인도해 달라고 요구할 수 있겠습니까?

신령한 자로 진일보하는 두 번째 단계는 우리가 지금까지 그러한 삶을 살지 못했다는 것을 부끄러워하고 죄스럽게 생각하는 것입니다. 어떤 사람들은 구현해야 할 신령한 삶이 있다는 것과 자신이 지금까지 그렇게 살지 않았다는 사실을 인정합니다. 그런데 그들은 그러한 자기 자신을 가엾게 생각하고 스스로를 동정하면서 이렇게 말합니다. "내가 지금까지 이 점에 대해서 이토록 허술했으니 얼마나 슬픈 일이냐! 하나님이 다른 사람들에게는 이것을 주시면서 내게는 주시지 않다니, 슬프고 원통한 일이다!" 그들은 "슬프다! 바로 내 속에 있는 불신과 불순종 때문에 하나님께 나 자신을 완전히 드리지 못했구나. 그동안 신령한 자로서 살지 못했으니, 나는 하나님 앞에서 부끄러워해야 마땅하다"라고 말하지 않고, 오히려 자기 자신만을 동정하고 불쌍히 여깁니다.

죄에 대한 자각이 없으면 회심할 수 없습니다. 죄에 대한 자각이 생기고 눈이 열렸을 때에야 비로소 자기의 죄를 두려워하고 그것을 피해 그리스도께 나아가며 그분을 전능하신 구원자로 받아들이는 법을 배우게 됩니다. 이러한 자각이 있은 후에도 사람은 죄에 대한 두 번째 자각이 필요합니다. 즉 신자는 자기의 구체적인 죄를 자각해야 합니다. 불신자의 죄는 신자의 죄와 다릅니다. 예를 들어, 불신자는 보통 본성의 타락을 깨닫지 못합니다. 그는 대개 외형적인 죄에 대해서만 생각합니다. "남에게 욕을 하고 거짓말을 했기 때문에 나는 지옥행이다." 그러고 나서 불신자는 회심이 필요하다는 것을 깨닫습니다.

반면 신자의 상태는 이와 아주 다릅니다. 그의 죄는 훨씬 더 비난받아 마땅합니다. 왜냐하면 하나님께로부터 빛과 사랑과 그분의 영을 받았기 때문입니다. 신자의 죄는 훨씬 더 심각합니다. 그는 이것을 극복하려고 몸부림칩니다. 그러나 점점 자기의 본성이 완전히 타락했다는 사실과 속에 있는 육적인 마음, 즉 육신의 정욕이 자기의 온몸과 마음을 완전히 장악하여 비참하게 만들었다는 사실을 깨닫게 됩니다.

그리하여 신자가 성령님의 역사하심으로 이런 상태를 자각하게 되었을 때, 바로 불신의 삶이 그를 정죄하게 됩니다. 그는 자기의 불신 때문에 하나님의 영이 주시는 온전한 선물을 받지 못했다는 사실을 비로소 깨닫게 됩니다. 그는 수치심을 느끼고 얼굴을 붉힙니다. 그리고 이렇게 부르짖기 시작합니다. "화로다. 내가 망하게 되었구나. 나는 지금까지 하나님의 말씀을 계속 들어왔고, 그분에 관한 지식을 많이 알고 있었으며, 그분에 대해 설교해 왔다. 그러나 이제야 나는 내 눈으로 그분의 얼굴을 뵙는구나!" 이제 하나님이 그에게 가까이 오십니다. 욥은 하나님이 신뢰하셨던 의로운 인물이었지만 자기의 내면에서 이전에 미처 깨닫지 못했던 심각한 '자기의'(自己義)라는 죄를 보게 되었습니다. 우리들이 각자 신자로서 자신이 처해 있는 그릇된 육신적 상태를 올바로 자각할 때까지, 그리고 하나님이 우리에게 이러한 깨달음을 주시기를 바라고 하나님 앞에서 겸손하며 각성하기 위해 기꺼이 시간을 낼 때까지, 우리는 결코 신령한 사람이 될 수 없을 것입니다.

■ ■ ■ ■ 신령한 신자가 되는 길 **한 걸음일 뿐**

세 번째 단계는 육신에 속한 자에서 신령한 자로 넘어가는 것이 '단지 한 걸음일 뿐' 이라는 사실을 깨닫는 것입니다. 단지 한 걸음의 차이입니다. 제가 당신에게 전할 수 있는 복된 메시지는 바로 이것, 오직 한 걸음일 뿐이라는 것입니다. 저는 많은 사람들이 이 메시지를 받아들이지 않을 것을 알고 있습니다. 그들은 이것이 그토록 위대한 변화를 가져오기에는 너무 미흡하다고 생각할 것입니다. 그러나 생각해 보십시오. 회심도 오직 한 걸음뿐이지 않았습니까?

육신에 속한 자에서 신령한 자로 넘어가는 일도 이와 같습니다. 어떤 사람들은 제가 신령한 자에 대해서 언급할 때 혹시 영적으로 성숙한 사람이나 성인(聖人)으로 불리우는 사람을 염두에 두고 말하는 게 아니냐고 묻습니다. 그리고 "그게 하루아침에 되는 일입니까? 거룩함에는 성장이라는 개념이 없습니까?"라고 반문합니다. 물론 저는 영적인 성숙이 하루아침에 이루어질 수 없다는 데 동의합니다. 이런 일을 기대할 수는 없습니다. 사람 속에 그리스도의 충만한 아름다움이 형성되려면 성장의 시간이 필요합니다. 그러나 저는 여전히 육신에 속한 자에서 신령한 자로 넘어갈 때 필요한 것은 오직 한 걸음일 뿐이라고 말합니다.

사람이 육체와 완전히 단절할 때, 그리스도의 십자가의 죽음에 자기의 육체를 드릴 때, 그가 육체에 속한 모든 것이 단죄받아 마땅하며 자기의 힘으로는 여기서 헤어날 수 없다는 사실을 깨닫고 이를 소멸시킬 수 있는 그리스도의 십자가의 능력을 간절히 구하게 될 때, 필요한 것은 오직 한 걸음일 뿐입니다. 그렇게 한 후에 그가 "나를 위해 준비되어 있는 이 신령한 삶은 예수 그리스도 안에서 하나님이 거저 주시는 선물이다"라고 고백할 때, 비로소 그는 한 걸음이 어떻게 자신을 육신에 속한 자에서 신령한 자로 인도했는지 이해하게 될 것입니다.

육체와 정욕과 탐심을 못 박으라

신령한 삶을 살더라도 여전히 배워야 할 것이 많습니다. 부족함도 많이 나타날 것입니다. 신령한 삶은 완벽하지 않습니다. 그럴지라도 그 삶의 지배적인 성격은 신령할 것입니다. 사람이 실제적이고, 살아 있으며, 활동적이고, 통치하시는 성령님의 능력에 자기 자신을 드릴 때, 점점 성장할 수 있는 자리로 들어가게 됩니다. 우리는 병든 상태에서 건강한 상태로 성장하는 것이 아닙니다. 어린아이가 강한 어른으로 자라나는 것처럼, 나약함에서 강인함으로 성장하는 것입니다. 그러나 육신에 속한 삶에서 신령한 삶으로 완전히 넘어간 후라도 질병이 생기면 치유가 필요합니다. 육신에 속한 상태에서 신령한 상태로 성장해야 겠다고 생각하는 그리스도인들이 있습니다. 그러나 우리는 결코 그들을 도울 수 없습니다.

무엇이 육신에 속한 고린도 교인들을 도울 수 있었습니까? 젖을 먹이는 것으로는 그들을 도울 수 없었습니다. 왜냐하면 젖은 고린도 교인들이 그릇된 상태에 빠져 있다는 증거였기 때문입니다. 그들에게 밥을 먹이는 것도 도움이 되지 않습니다. 왜냐하면 그들은 밥을 소화시킬 능력이 없기 때문입니다. 그들에게 필요했던 것은 의사의 수술칼이었습니다. 바울은 육신에 속한 삶을 도려내야 한다고 말했습니다. "그리스도 예수의 사람들은 육체와 함께 그 정욕과 탐심을 십자가에 못 박았느니라"(갈 5:24). 이 말씀의 의미를 이해하고, 나아가 그리스도의 능력을 믿는 믿음으로 이것을 받아들일 때, 그 한 걸음이 그를 육신에 속한 삶에서 신령한 삶으로 인도할 것입니다. 성령님이 우리의 삶을 신령하게 변화시켜 주실 것이라는 믿음으로 그리스도의 죽으심의 능력을 받아들이는 이 단순한 믿음의 행동이, 그리스도의 죽으심에 참여하는 이 한 걸음이 이러한 삶을 우리에게 줄 것이며 스스로의 노력에서 우리를 구원해 줄 것입니다.

온전히 주께 맡길 때

무엇이 회심하지 않은 채 가장 어둡고 비참한 지경에 빠져 불쌍하게 정죄받은 저 죄인을 구원했습니까? 그는 자기 자신에게 유익이 될 만한 어떤 일도 할 수 없다는 것을 바로 깨달았습니다. 그래서 그는 어떻게 했습니까? 그는 자기 앞에 계신 전능하신 구주를 바라보고 그 품 속에 자신을 모두 던졌습니다. 그는 전능하신 그 사랑에 자신을 온전히 맡기고 이렇게 부르짖었습니다. "주여, 제게 긍휼을 베푸시옵소서." 그리고 이것이 구원이 되었습니다. 그리스도가 그를 받아주신 것은 결코 그의 행위 때문이 아니었습니다. 여러분 가운데 누구든지 자신이 육신에 속해 있다는 사실을 깨닫고 "나는 믿음이 있고 열심이 있으며 선교회에 소속되어 있어. 그리고 교회에서 그리스도를 위해 봉사하기도 하지. 그러나 애석하게도 타락한 본성과 죄와 세상 정욕이 내 영혼 위에 군림하고 있다"라고 말한다면 이제 하나님의 말씀에 귀를 기울이십시오. 또한 "나는 지금까지 열심히 노력했고 기도했으며 눈물을 흘렸지만, 이런 것들이 나를 돕지 못했다"라고 말하는 사람이 있다면 다음 한 가지 일을 더 해야 합니다.

그는 살아 계신 그리스도가 거룩하고 신령한 삶을 위해 하나님이 베풀어 주신 양식이라는 점을 깨달아야 합니다. 예전에 회심했던 순간에 놀라운 사랑으로 자신을 영접해 주셨던 바로 그 그리스도가 자기에게 하나님께 온전히 헌신하는 신령한 사람이 될 수 있다는 사실을 가르쳐 주시려고 지금 기다리고 계시다는 사실을 믿어야 합니다. 이 사실을 믿는다면, 그의 두려움은 사라질 것이고 "이것은 이루어질 수 있다. 그리스도가 나를 받아 주시고 맡아 주신다면, 이것은 반드시 이루어질 것이다"는 고백을 하게 될 것입니다.

■ ■ ■ 신령한 신자가 되는 길 **성령님께 완전한 부복**

마지막으로 당신이 신령한 자가 되려면 반드시 한 걸음, 즉 엄숙하고 복된 이 한 걸음을 떼야 합니다. 당신은 회심의 한 걸음을 떼는 데 5년, 또는 10년이 걸렸을지도 모릅니다. 수년 동안 괴로워하고 기도를 했지만, 이 한 걸음을 떼기 전까지 평화를 찾을 수 없었을 것입니다. 그런 후에 당신은 다시 신령한 삶이라는 문제를 해결하려고 이 선생, 저 선생을 찾아다니며 "신령한 삶과 성령 세례, 그리고 거룩함에 대해서 좀 가르쳐 주십시오" 하고 부탁을 했을 것입니다. 그러나 예전의 상태와 달라진 것은 아무것도 없습니다. 우리는 대부분 죄에서 벗어나기를 간절히 소망합니다. 누가 자기의 조급한 성격을 좋아하겠습니까? 누가 자기의 오만한 기질을 사랑하겠습니까? 누가 자기의 세속적인 마음을 기뻐하겠습니까? 아무도 그렇지 않을 것입니다.

우리는 그리스도께 이것을 제거해 달라고 간청합니다. 그러나 주님은 이 기도를 들어주시지 않습니다. 그러면 우리는 "왜 주님은 이것을 들어주시지 않을까요? 저는 열심히 기도를 드렸는데요" 하고 볼멘소리를 합니다. 하지만 이것은 당신이 마음속에 악한 뿌리를 품고 있으면서 그리스도께 나아가 나쁜 열매를 제거해 달라고 부탁을 드렸기 때문입니다. 당신은 그리스도께 자신의 육체를 그분의 십자가에 못 박아 달라고 부탁하지 않았습니다. 이제 당신이 해야 할 일은 그분의 영(Spirit)에 당신 자신을 완전히 바치는 것입니다.

구원은 있습니다. 그러나 우리가 추구하는 방법 속에는 없습니다. 어느 화가가 캔버스 위에 아름다운 그림을 그리고 싶어했다고 가정해 봅시다. 그런데 다른 사람이 그 캔버스를 임의로 사용하고 처분할 권리를 갖게 되었습니다. 그렇다면 그 화가가 캔버스 위에 혼신의 힘을 기울이겠습니까? 그렇지 않을 것입니다. 이와 마찬가지로 사람들은 예수 그리스도의 명령과 통치에 마음을 다 바쳐 온전히 순종하지 않으면서도, 그분이 자기들의 못된 기질이나 여러 가지 다른 죄들을 제거하는 데 힘을 기울여 주시기를 기대합니다. 그러나 이것은 있을 수 없는 일입니다. 하지만 우리가 예수 그리스도께 나아가 자기의 삶 전체를 의탁한다면, 그분은 강하신 능력으로 우리를 구원해 주실 것입니다. 예수 그리스도는 자비를 베풀기 위해 기다리고 계십니다. 예수 그리스도는 우리의 영을 충만히 채워주시기 위해 우리를 기다리고 계십니다.

이 한 걸음을 떼고 싶지 않습니까? 하나님은 우리가 성령님의 인도를 받아 이전의 삶을 버리고 그분께 온전히 헌신하기를 바라십니다. 당신은 지금까지 육신의 삶이 훨씬 더 우세했던 사람이고, 이것이 당신의 특징이었습니다. 그러나 이제는 그동안 하나님이 베풀어 주셨던 모든 축복에도 불구하고 하나님은 당신이 원하는 상태, 즉 신령한 자로 변화시켜 주시지 않으셨다는 사실을 뼈아프게 자각하면서 겸손한 심정으로 그분께 나아가야 합니다. 우리를 신령한 자로 만들어 주실 수 있는 분은 오직 내주하시는 성령님뿐입니다.

"주님, 당신의 영으로 저를 충만하게 채워주십시오. 이 빈 그릇을 당신께 바칩니다"라는 한 가지 생각으로 하나님 앞에 나아가 그분의 발 아래 엎드리십시오. 당신은 매일 탁자 위에서 알맞은 때에 향긋한 차가 가득 채워지기를 기다리는 빈 찻잔을 볼 것입니다. 이것은 비단 찻잔뿐만 아니라 그릇이나 접시의 경우도 마찬가지입니다. 그것들은 음식을 가득 담을 수 있도록 깨끗이 닦여 있고 완전히 비어 있습니다. 음식을 담을 수 있도록 잘 준비된 그릇처럼, 당신도 그리스도께 나아가 그분의 영을 가득 채울 수 있는 그릇이 되고 싶다고 말하십시오. 가장 겸손한 심정으로 하나님께 경배를 드리며 "하나님, 저는 아무것도 아닙니다"라고 고백하십시오. 그럴 때 당신은 "저는 하나님이 약속을 이루어 주실 것을 믿습니다. 주님, 제가 육신에 속한 상태에서 벗어나 신령한 그리스도인이 될 수 있도록 성령님으로 충만히 채워 주십시오"라고 간구할 권리를 얻게 될 것입니다. 당신이 하나님의 발아래 엎드려 잠잠히 기다린다면, 겸손한 순종과 어린아이 같은 믿음 안에 거한다면, 하나님이 살아 계신 것이 틀림없는 사실인 것처럼, 축복도 틀림없이 임할 것입니다.

하나님의 교회를 생각할 때, 그리고 육신에 속한 자가 훨씬 더 우세한 이 현실을 바라볼 때, 우리는 하나님 앞에서 부끄러움을 느끼고 엎드려야 하지 않겠습니까? 우리의 마음과 삶 속에 있는 모든 육체적인 것들을 생각할 때, 우리는 하나님 앞에서 부끄러움을 느끼고 엎드려야 하지 않겠습니까? 그런 후에 하나님의 자비하심에 대한 큰 믿음으로 엎드려야 합니다.

구원은 가까이 있습니다. 구원은 오고 있습니다. 구원은 기다리고 있습니다. 구원은 틀림없는 사실입니다. 하나님이 우리에게 구원을 베푸실 것입니다. 우리는 모두 이 사실을 믿어야 합니다.

2. 자아의 삶

누구든지 나를 따라오려거든 자기를 부인하고
자기 십자가를 지고 나를 따를 것이니래(마 16 : 24).

마태복음 16장 13절을 보면, 예수님이 가이사랴 빌립보 지방에서
제자들에게 "사람들이 인자를 누구라 하느냐"라고 물으시는 장면이 나
옵니다. 그들의 대답을 들으신 예수님은 다시 그들에게 "너희는 나를
누구라 하느냐"라고 물어 보셨습니다. 그러자 16절에서 베드로는 "주
는 그리스도시요 살아 계신 하나님의 아들이시니이다"라고 대답했습니
다. 이에 예수님은 그에게 "바요나 시몬아 네가 복이 있도다 이를 네게
알게 한 이는 혈육이 아니요 하늘에 계신 내 아버지시니라 또 내가 네

게 이르노니 너는 베드로라 내가 이 반석 위에 내 교회를 세우리니 음부의 권세가 이기지 못하리라"고 말씀하셨습니다(18절).

이 말씀을 하시고 나서 예수님은 21절에서 비로소 제자들에게 자신의 죽음이 임박했음을 알리셨습니다. 22절에서 베드로는 예수님을 붙들고 "주여 그리 마옵소서 이 일이 결코 주께 미치지 아니하리이다" 하고 주님을 만류했습니다. 그러자 예수님은 베드로를 돌아보시고, "사탄아 내 뒤로 물러가라 너는 나를 넘어지게 하는 자로다 네가 하나님의 일을 생각하지 아니하고 도리어 사람의 일을 생각하는도다"라며 꾸짖으셨습니다. 그런 후에 제자들에게 이 교훈을 주셨습니다. "누구든지 나를 따라오려거든 자기를 부인하고 자기 십자가를 지고 나를 따를 것이니라"(24절).

우리는 타협적인 삶에 대해 들을 때마다 도대체 그러한 삶의 뿌리에는 무엇이 있을까 하는 의문을 갖게 됩니다. 왜 그토록 많은 그리스도인들이 하나님의 능력이 나타나심과 하나님의 자녀로서의 특권과 영광으로 살지 않고 두렵게도 세상과 손을 잡고 살아가는 것으로 인생을 낭비하는 것일까? 그리고 이러한 의문도 떠오를 것입니다. 왜 우리는 어떤 일이 잘못인지 깨닫고 그것을 극복하려고 노력하면서도 결국은 실패하고 말까? 왜 우리는 수백번 기도하고 다짐한 후에도 여전히 혼탁하고, 바라는 바와는 동떨어지고 열의가 없는 삶을 사는 것일까?

이 모든 의문들에 대한 해답은 한 가지입니다. '자아'(self)가 모든 문제의 뿌리입니다. 그러므로 어떤 사람이 제게 "어떻게 하면 이러한 타협적인 삶에서 벗어날 수 있을까요?"라고 묻는다면, 저는 "이것이나 저것, 아니면 또 다른 일을 해 보십시오"라고 말하지 않을 것입니다. 저의 대답은 오직 이 한 가지일 것입니다. "위로부터 내려오는 새로운 삶, 그리스도의 삶을 살 때 당신은 온전히 승리할 것입니다."

우리는 항상 대요(大要)에서 핵심으로 나아갑니다. 여기서도 그렇게 해야 합니다. 우리는 본문의 여러 단어로부터 시작해서 '자아'라는 한 단어로 나아가야 합니다. 예수님은 베드로에게 "아무든지 나를 따라오려거든 자기(자신의 자아)를 부인하고 자기 십자가를 지고 나를 따를 것이니라"고 말씀하셨습니다. 이것이 바로 제자의 표시입니다. 이것이 그리스도인의 삶의 비결입니다. 자기를 부인하십시오. 그러면 모든 것이 바르게 될 것입니다.

여기서 우리는 베드로가 신자, 다시 말해서 성령님의 가르침을 받았던 신자였다는 사실에 주목해야 합니다. 그는 그리스도를 기쁘시게 하는 훌륭한 대답을 했습니다. "주는 그리스도시요 살아 계신 하나님의 아들이시니이다." 이 사실을 대단찮은 것으로 여겨서는 안 됩니다. 이 진리는 우리가 교리문답 시간에 배우는 기본 진리입니다. 그러나 베드로는 이것을 배우지 않았습니다. 예수님은 하늘에 계신 아버지의 영이 이 진리를 베드로에게 계시했다고 말씀하셨습니다. 그래서 "바요나 시몬아 네가 복이 있도다"라고 칭찬해 주셨습니다.

하지만 육신에 속한 자가 베드로 안에 얼마나 강하게 남아 있었는지 보십시오. 베드로는 "주는 하나님의 아들이시니이다"라고 고백할 만큼 그분의 영광에 대해 깨달은 바가 많았습니다. 하지만 그리스도가 십자가와 죽음에 대해 말씀하시자, 그는 이것을 깨닫지 못하고 즉각 자기 확신 속에서 "이 일이 결코 주께 미치지 아니하리이다" 하고 딱 잘라 말했습니다. 다시 말해서 그는 "주는 결단코 십자가에 못 박히실 수 없고 돌아가실 수 없습니다"라고 말한 것입니다. 이에 그리스도는 "사탄아 내 뒤로 물러가라 … 네가 하나님의 일을 생각하지 아니하고"라며 그를 꾸짖으셨습니다. 예수님은 "네가 단지 육신에 속한 자처럼 말하고, 하나님의 영이 가르쳐 주시는 자처럼 말하지 않는구나"라고 말씀하신 것입니다. 그리고 나서 예수님은 계속 이렇게 말씀하셨습니다. "내가 십자가에 못 박혀야 할 뿐만 아니라 너희도 또한 그러해야 하고, 나뿐 아니라 너희도 죽임을 당해야 하느니라. 누구든지 내 제자가 되려면, 먼저 자기의 자아를 부인하고 자기 십자가를 지고 나를 따라야 한다."

▪▪▪ 자아의 정의

그러면 여기서 '자아'라는 말을 면밀히 살펴봅시다. 자아가 무엇인지를 바로 이해할 때에만, 우리는 비로소 모든 죄악의 뿌리에 무엇이 도사리고 있는지를 바로 알게 되고 구원을 위해 그리스도께 나아갈 준비를 갖추게 됩니다.

먼저 '자아의 삶'(self life)의 본질을 살펴보고, 이어서 자아의 삶의 몇 가지 작용과 '그런 삶에서 어떻게 구원을 받을 것인가'라는 문제를 마지막으로 검토할 것입니다.

자아는 하나님이 지각 있는 모든 피조물들에게 부여하신 능력입니다. 자아는 창조받은 존재의 핵심입니다. 하나님은 왜 천사나 인간에게 자아를 주셨을까요? 하나님이 자아를 주신 목적은 그분이 여기에 당신의 생명을 가득 채워주실 수 있도록, 우리가 이 자아를 빈 그릇의 상태로 그분께 가지고 나가게 하시기 위함이었습니다. 하나님은 우리가 매일 자아를 가지고 나아와 "오 하나님, 이곳에 들어와 주십시오. 이것을 당신에게 바칩니다"라고 말할 자기 결정권을 주셨습니다. 하나님은 그분의 신성하고 풍성한 아름다움과 지혜와 능력을 부어줄 그릇을 원하셨습니다. 그래서 하나님은 땅, 태양, 달, 별, 나무, 꽃, 풀을 창조하셨습니다. 이것들은 그분의 풍성한 지혜와 아름다움과 선하심을 찬연히 나타냈습니다. 하지만 이러한 피조물들은 자신들이 하나님의 영광을 나타낸다는 자각 없이 이런 일을 했습니다.

그래서 하나님은 자아와 의지를 가진 천사들을 창조하셨습니다. 하나님은 그들이 빈 그릇으로 나아와 자발적으로 순종하는지 보셨습니다. 그러나 애석하게도 모든 천사들이 그렇게 하지는 않았습니다. 큰 무리의 우두머리 중 하나가 자신을 바라보고 하나님이 자기에게 부여해 주신 놀라운 능력들을 생각하며 자기 자신을 기뻐하기 시작했습니다. 그는 "내가 항상 하나님께 의존적인 존재이어야 한단 말인가?"라고 생각했습니다. 그리고 스스로를 높였고 하나님으로부터 벗어나는 교만을 품었습니다. 바로 그 순간 그는 천국의 천사가 아닌 지옥의 사탄이 되었습니다. 하나님께 의지하는 자아는 창조주가 우리 안에 자신을 계시하시도록 허락하는 영광이 됩니다. 그러나 하나님께 등을 돌린 자아는 바로 지옥의 어두움과 불입니다.

그 행동의 무서운 결과를 우리는 분명히 알고 있습니다. 하나님은 인간을 창조하셨습니다. 그러자 사탄은 뱀의 모양으로 하와에게 찾아와서, 선악을 분별하고 자존하는 자아를 지니신 하나님과 같은 존재가 될 수 있다고 그녀를 유혹했습니다. 하와와 이야기를 나누는 동안, 사탄은 그런 말로 바로 지옥의 독, 즉 교만을 그녀에게 불어넣었습니다. 그리하여 사탄의 악한 영, 지옥의 독이 인간성 속으로 침투했습니다. 우리는 첫 조상으로부터 바로 이런 저주받을 자아를 물려받았습니다. 그 자아는 세상에 황폐와 파멸을 몰고 왔습니다. 그리하여 죄, 어두움, 비참, 불행, 그리고 이와 유사한 모든 악이 계속해서 발생하게 되었습니다. 또한 인간은 장차 하나님과 인간을 완전히 분리시키고 멀리 떼어놓을 자아의 통치, 자아의 저주 외에는 아무것도 없는 영원한 지옥으로 들어갈 운명을 짊어지게 되었습니다. 그러므로 그리스도가 우리를 위하여 무슨 일을 하셨는지를 온전히 이해하고 참 구원에 참여하는 자가 되기를 원한다면, 우리는 이러한 저주받을 자아를 완전히 깨닫고, 미워하며 포기하는 법을 배워야 할 것입니다.

■ ■ ■ 자아의 작용 자기 본위

다음으로 자아의 작용에는 어떤 것들이 있습니까? 이것의 작용은 이루 다 헤아릴 수 없을 만큼 많지만, 여기서는 우리에게서 줄기차게 뚜렷이 나타나고 있는 모습들 중에서 가장 핵심적인 몇 가지만을 살펴보겠습니다. 자기 본위(self-will), 자기 과신(self-confidence), 그리고 자만(self-exaltation)입니다.

자기 본위, 즉 자기를 기쁘게 하는 것은 인간의 큰 죄악입니다. 세상과 타협하는 모든 죄의 뿌리에는 자기 본위가 도사리고 있으며, 바로 이 때문에 많은 사람들이 파멸에 이르렀습니다. 사람들은 왜 자기들이 스스로를 기쁘게 하면 안되는지, 그리고 왜 자기들 마음대로 행하면 안되는지 이해하지 못합니다. 신자들 중에도 그리스도인으로서 우리는 결코 자기 뜻을 추구해서는 안되고 그리스도의 영이 내주하시는 자로서 항상 하나님의 뜻만을 추구해야 한다는 사실을 전혀 이해하지 못하는 자들이 많습니다. 우리는 이렇게 고백해야 합니다. "오 나의 하나님, 당신의 뜻을 행하려 이렇게 나왔습니다."

많은 그리스도인들이 수만 가지 방법으로 자기 자신을 기쁘게 하면서도, 한편으로는 선하고 쓸모 있으며 행복해지려고 애쓰고 있습니다. 그들은 이 모든 일의 뿌리에 자기들의 복을 도둑질해 가는 자기 본위가 도사리고 있다는 사실을 모릅니다. 그리스도는 베드로에게 "너 자신을 부인하라"고 말씀하셨습니다. 하지만 베드로는 "저는 주님을 부인하고 제 자신은 부인하지 않겠습니다"라고 대답했습니다. 그가 직접 이렇게 말한 적은 없지만, 마지막 날 밤에 그리스도가 베드로에게 "네가 나를 부인하리라"고 말씀하신 후, 실제로 그는 그렇게 했습니다.

베드로가 이렇게 했던 이유는 무엇입니까? 자기 자신을 기쁘게 했기 때문입니다. 어떤 여종이 그를 가리키며 예수님과 함께 있던 자라고 비난하자 그는 덜컥 겁이 났습니다. 그래서 세 번이나 "나는 저 사람을 모르오. 나는 그와 아무 상관이 없소" 하고 대답했습니다. 그는 그리스도를 부인했습니다. 이 광경을 상상해 보십시오! 베드로가 심히 통곡했던 것은 조금도 이상한 일이 아닙니다. 이것은 추악하고 저주받을 자아와 참으로 아름답고 복되신 하나님의 아들, 예수님 사이의 선택이었습니다. 그런데 베드로는 자아를 선택했습니다. 그러므로 베드로가

'나는 자기를 부인하지 않고 도리어 예수님을 부인했다. 어쩌다 내가 이런 죄악된 선택을 했단 말인가!' 하고 생각했으리라는 것은 의심할 여지가 없습니다.

그리스도인이여, 예수님의 말씀에 비추어 스스로의 삶을 살펴보십시오. 자기 본위, 자기를 기쁘게 하는 행실이 보입니까? 그렇다면 이 사실을 기억하십시오. 스스로를 기쁘게 하는 매순간, 당신은 예수님을 부인하는 것입니다. 이것 아니면 저것입니다. 당신은 예수님만을 기쁘시게 하고 자기를 부인하든지, 아니면 자기를 기쁘게 하고 그분을 부인하든지, 이 둘 중에 하나를 선택해야 합니다.

■ ■ ■ 자아의 작용 **자기 과신**

스스로를 기쁘게 하기 시작하면, 당신은 곧 자기 과신과 더불어 이와 관련된 자기 신뢰(self-trust), 자기 노력(self-effort), 자기 의존(self-dependence)에도 빠지게 될 것입니다. 베드로는 무엇 때문에 예수님을 부인했습니까? 그리스도는 이미 그에게 이 사실을 경고했었습니다. 그런데도 베드로는 왜 경고를 무시했습니까? 자기 과신 때문이었습니다. 그는 확신했습니다. "주님, 저는 당신을 사랑합니다. 저는 3년 동안 주님을 따랐습니다. 주님이 말씀하신 일은 상상할 수조차 없습니다. 저는 이미 감옥에 가고 목숨도 내놓을 각오가 되어 있습니다." 그러나 이것은 자기 과신에 지나지 않았습니다.

사람들은 종종 제게 이런 질문을 합니다. "왜 저는 거듭해서 실패를 하는 걸까요? 하나님의 뜻 안에서 살기를 그토록 소원하고 또 간절하게 기도도 드렸는데 말입니다." 보통 저는 이렇게 대답합니다. "그것은 당신이 스스로를 과신하기 때문입니다." 그러면 그들은 이렇게 말합니다. "아니에요. 절대로 그렇지 않습니다. 저는 제가 선하지 않다는 사실을 알고 있어요. 그리고 하나님이 기꺼이 저를 지켜주시리라는 것도 알고 있습니다. 저는 오직 예수님만을 신뢰합니다." 그러나 저는 그들의 말에 동의하지 않습니다. "형제여, 결코 그렇지 않아요. 하나님과 예수님을 신뢰한다면, 당신은 결코 실패할 수 없습니다. 당신이 실패하는 것은 스스로를 과신하기 때문입니다."

그리스도인이 삶에서 실패하는 모든 원인이 바로 자기 과신이라는 사실을 믿으십시오. 우리는 속으로 이렇게 말하는 것입니다. "나는 예수님을 신뢰하는 대신 이 저주받을 자아를 신뢰하고 있어. 나는 하나님의 전능하신 능력 대신 내 자신의 능력을 신뢰하거든." 그리고 바로 이것이 그리스도가 "자기를 부인하라"고 말씀하신 이유입니다.

■ ▨ ▨ 자아의 작용 **자만**

자아의 세 번째 작용은 자만입니다. 기독교계에 이 교만과 시기가 얼마나 가득한지요! 사람들이 우리에 대해 뭐라고 말하는지, 어떻게 생각하는지에 얼마나 민감한지요! 항상 '나는 하나님을 기쁘시게 하고 있는가?' 라는 한 가지 생각으로 하나님 앞에서 살지 않고, 오히려 사람들의 찬사를 얼마나 열망하고 그들을 기쁘게 하려고 얼마나 안달하며 살고 있는지요! 그리스도는 "너희가 서로 영광을 취하고 유일하신 하나님께로부터 오는 영광은 구하지 아니하니 어찌 나를 믿을 수 있느냐"(요 5:44)고 말씀하셨습니다. 우리가 서로 영광을 취한다면 믿음의 삶은 절대 불가능합니다. 이러한 자아는 지옥에서 나온 것입니다. 자만은 우리를 하나님께로부터 분리시킵니다. 이것은 우리를 미혹하여 예수님께로부터 멀리 떼어놓는 저주받을 사기꾼입니다.

▪▪▪ 자아를 어떻게 부인할 수 있을까

그러면 마지막으로 이러한 자아를 제거하기 위해 우리는 어떻게 해야 합니까? 예수님은 본문에서 그 해답을 주셨습니다. "누구든지 나를 따라오려거든 자기를 부인하고 자기 십자가를 지고 나를 따를 것이니라." 이 교훈을 명심하십시오. 우리는 스스로를 부인하고 예수님을 우리 삶으로 받아들여야만 합니다. 그리고 선택해야 합니다. 자아의 삶과 그리스도의 삶, 이 둘 중에 하나를 선택해야 합니다.

"나를 따르라" 하고 우리 주님은 말씀하십니다. "너는 나를 너의 존재 규범, 행동 법칙으로 삼아야 한다. 그리고 네 전심을 내게 바쳐야 한다. 나를 따르라. 그러면 내가 너의 모든 것을 권고해 줄 것이다." 이것은 우리 앞에 놓인 엄숙한 교환입니다. 그러므로 자만과 사악함이 가득한 이 자아의 위험을 직시하면서 하나님의 아들에게 "저는 제 삶을 부인합니다. 당신의 삶을 제 것으로 받아들입니다"라고 말하며 그분께 자신을 맡기십시오.

신자들이 그리스도 중심의 삶이 자신들에게 나타나기를 계속 간구하면서도 아무런 열매를 거두지 못하는 이유는 그들이 자아의 삶을 부인하지 않기 때문입니다. 우리는 이렇게 질문합니다. "이러한 자아의 삶을 부인하려면 어떻게 해야 합니까?" 강한 자의 집에 더 강한 자가 들어와서 본래 있던 자를 밖으로 내쫓아버렸다는 비유를 기억해 보십시오. 이제 그곳은 깨끗하게 청소되고 아름답게 장식되었습니다. 하지만 불행히도 비어 있기 때문에, 본래의 강한 자가 저보다 더 악한 일곱 귀신을 이끌고 다시 들어오게 되었습니다. 오직 우리의 삶 속에 들어오신 그리스도만이 자아의 삶을 정복할 수 있습니다. 천국의 이상을 보았던 사도 바울을 기억하십시오. 그리스도는 바울이 너무 자만하지 않도록 그를 낮추시기 위해 육체의 가시를 주셨습니다. 바울에게는 자만하기 쉬운 타고난 성벽이 있었습니다. 그래서 하마터면 바울은 여기에 걸려 넘어질 뻔했습니다. 그러나 그리스도는 사랑하는 종을 권고하는 신실하심으로 이러한 위험에서 그를 건져주셨습니다.

예수 그리스도는 그 신령한 은혜로써 자아의 권세가 세력을 떨치거나 우세해지지 않도록 막으실 수 있습니다. 예수 그리스도는 기꺼이 영혼의 생명이 되어 주십니다. 예수님은 우리가 그분을 따르고 우리의 마음과 삶을 오직 그분께만 두어서 결국 그분이 항상 우리 영혼의 빛이 되실 수 있도록 우리를 가르치십니다. 그렇게 되면 우리도 사도 바울과 같이 "이제는 내가 사는 것이 아니요 오직 내 안에 그리스도께서 사시는 것이라"(갈 2:20)는 고백을 할 수 있습니다. 이 두 진리는 항상 함께합니다. 먼저는 "내가 산 것이 아니요"이고, 다음이 "오직 내 안에 그리스도께서 사신 것이라"입니다.

그럼 여기서 다시 베드로에게 눈을 돌려봅시다. 예수님은 베드로에게 "자기를 부인하고 나를 따르라"고 말씀하셨습니다. 그러면 베드로는 어디로 따라가야 합니까? 예수님은 베드로가 실패했을 때에도 그를 인도하셨습니다. 베드로를 어디로 인도하셨습니까? 예수님은 베드로를 겟세마네로 인도하셨습니다. 거기서 그는 깨어서 기도를 해야 했는데도 불구하고 잠을 잤기 때문에 실패하고 말았습니다. 예수님은 베드로가 자신을 부인했던 갈보리, 바로 그곳으로 인도하셨습니다. 그것이 그리스도의 인도하심입니까? 바로 그렇습니다. 하나님을 찬양합시다. 그때는 성령님이 능력으로 임하시기 전이었습니다. 베드로는 아직 육신에 속한 자, 즉 열의는 있지만 이길 힘이 없는 상태였고 나약한 육체에 불과했습니다. 그리스도는 무엇을 하셨습니까? 그분은 베드로가 철저한 겸손에 이르고 깊은 애통함으로 낮아질 때까지 인도하셨습니다. 예수님은 죽음과 부활의 사건을 지나 오순절에 이르도록 그를 인도하셨습니다. 그리고 마침내 성령님이 오셨습니다. 성령님 안에서 그리스도는 신령한 생명을 가지고 그를 찾아오셨습니다. 이제 베드로는 이렇게 고백할 수 있게 되었습니다. "오직 내 안에 그리스도께서 사시는 것이라."

■■■ 자아의 삶에서 구원받는 오직 하나, 그리스도

이러한 자아의 삶에서 구원받을 수 있는 길은 오직 한 가지뿐입니다. 그리스도를 따르고, 그분께 마음을 쏟으며, 그분의 교훈을 듣고, 그분께 우리 자신을 매일 바침으로써 그분이 우리의 모든 것이 되도록 해야 합니다. 그럴 때에만 비로소 자기 부인이 그리스도의 능력으로 말미암아 복되고 변함없는 현실로 다가올 것입니다. 저는 어떤 그리스도인이라도 한 시간 만에 "제게는 부인해야 할 자아가 없습니다"라고 고백할 수준에 이를 수 있다고 생각하지 않습니다. 한순간에 돌변하여 "나는 자아를 부인할 필요가 없습니다"라고 말할 수 있는 사람은 없습니다. 결코 없습니다. 그리스도의 십자가에 참여한다는 것은 하나님의 은혜로 말미암아 매순간 끊임없이 자기를 부인하는 것을 말합니다. 우리는 예수 그리스도와 함께 십자가에 못 박혀야 합니다. 우리는 그분의 죽으심과 합하여 세례를 받은 자로서 그분과 함께 살아가야 합니다. 이 것을 유념하십시오!

그리스도는 죄 없는 자아였지만, 그래도 분명히 자아를 가지고 계셨습니다. 그리고 그분은 바로 이것을 죽음에 내어 주셨습니다. 겟세마네 동산에서 예수님은 "아버지여, 나의 원대로 마옵시고"라고 기도하셨습니다. 그분은 죄 없는 자아를 죽음에 내어 주셨습니다. 그런 후에 그리스도는 무덤에서 하나님께로부터 자아를 다시 돌려받으셨고 부활하셨으며 영화롭게 되셨습니다. 우리는 그분이 가셨던 길이 아닌 어떤 다른 길을 통해 천국에 들어갈 수 있습니까? 결단코 그럴 수 없습니다! 그리스도가 죽음과 무덤에 내려가셨다는 사실을 기억하십시오. 또한 자아를 부인하고 최선을 다해 그리스도를 따를 때에만 비로소 구원과 생명이 찾아온다는 사실을 기억하십시오.

▪ ▪ ▫ 자아를 부인하는 삶

그러면 우리는 주님이 주신 이 교훈을 어떻게 활용해야 합니까? 무엇보다도 먼저 해야 할 일은 우리 안에 있는 자아가 무엇인가를 깨달아야 합니다. 즉 자아가 모든 죄, 모든 부족, 모든 실패, 그리고 하나님의 이름을 더럽혀 왔던 모든 것의 원인이라는 사실을 인정하면서 하나님 앞에 스스로를 낮추고, "주님, 이것이 저의 상태입니다" 하고 고백해야 합니다. 그러고 나서 우리는 예수 그리스도의 삶이 우리의 삶이 될 수 있다는 믿음 안에서, 그분이 우리의 삶 전체를 통치하실 수 있도록 우리 자신을 그분께 내어 드려야 합니다.

　　육신에 속한 자아를 제거하는 일이 쉬운 작업이라고 생각하지 마십시오. 결단을 내리는 모임에서 한 번 맹세하고 한 번 기도하며 한 번 순종하는 일은 쉽습니다. 그러나 갈보리에서 있었던 그리스도의 죽음, 즉 그분이 죄 없는 자아의 삶을 엄숙히 하나님께 바치셨던 것처럼 우리가 자아를 죽음에 내놓는 일도 하나님 앞에서 똑같이 엄숙해야 합니다. 그리스도의 죽으심의 권세가 매일 우리 안에서 역사해야 합니다. 자기 의지대로 행동했던 베드로와 하나님께 자기 의지를 드렸던 예수님은 얼마나 대조적입니까! 베드로의 자기 과신과 예수님이 "나는 아무것도 스스로 할 수 없나니"라고 말씀하셨을 때 보여주셨던 저 심오한 의존성은 얼마나 대조적입니까!

　　우리는 그리스도의 삶을 살도록 부르심을 받았고, 그리스도는 우리 안에서 당신의 삶을 살기 위해 오셨습니다. 하지만 이보다 우선되어야 할 일이 한 가지 있습니다. 먼저 자기를 부인하고 미워하는 법을 배워야 합니다. 베드로가 예수님을 부인하면서 "나는 그와 아무 상관이 없소"라고 말했던 것처럼, 우리는 "나는 자아와 아무 상관이 없다"라고 말하며 예수 그리스도가 우리의 모든 것이라고 고백해야 합니다. 자아가 우리 안에서 어떤 영향을 끼쳤으며 자아가 얼마나 예수님의 이름을 더럽혀 왔는지를 생각하고 겸손해져야 합니다.

우리는 이렇게 간구해야 합니다. "주님, 당신의 빛을 우리에게 비춰 주옵소서. 우리는 이것을 배우기를 소원합니다. 자아가 무슨 일을 해왔는지 알 수 있도록, 자아가 우리를 후퇴시켜 온 장애물에 지나지 않았다는 사실을 깨달을 수 있도록 우리 눈을 열어 주옵소서." 이렇게 간절히 기도한 후, 모든 신앙 행위, 모든 신앙 경험, 그리고 모든 축복을 잠시 뒤로하고, 오직 하나님 앞에 가까이 나아가십시오. 그리고 "주 하나님, 자아가 천사장을 사탄으로 변하게 했고, 우리의 조상을 파멸시켰으며, 에덴에서 쫓겨나 어두움과 비참함 가운데 떨어지게 했습니다. 또한 이 자아는 제 생명을 파괴시켰고 모든 실패의 근원이 되었습니다. 오, 주님. 이것을 제게 가르쳐 주옵소서" 하는 기도를 드릴 수 있도록 하나님을 잠잠히 바라야 합니다.

그리고 "다른 자아가 나를 위해 삶을 살 것이고, 다른 자아가 나와 함께 살 것이며, 다른 자아가 나를 위해 모든 것을 할 것입니다"라고 말하기를 기뻐하고 그렇게 말할 수 있는 사람이 되었을 때 비로소 우리는 복된 교환에 참여할 수 있습니다. 그 외의 다른 방법으로는 이 일을 이룰 수 없습니다. 자아를 부인하십시오. 예수님과 함께 죽기 위해 십자가를 지십시오. 오직 그분만을 따르십시오. 하나님이 우리에게 그리스도의 삶을 이해하고 받아들이며 누릴 수 있는 은혜를 주시기를 간절히 기도합니다. 아멘.

3. 잠잠히 하나님만 바라라

나의 영혼아 잠잠히 하나님만 바라라
무릇 나의 소망이 그로부터 나오는도다(시 62:5).

다음과 같은 심각한 질문에 분명하게 답해 봅시다. "나의 하나님
은 어떤 환경보다도 월등하며 어떤 상황보다도 내게 더 가까우신가?"
사랑하는 형제 자매여, 당신은 가장 어려운 환경 속에서도 하나님이 주
변의 어떤 일보다 당신에게 더 가까우며 그 존재가 확실하다는 사실을
깨달으며 살아가고 있습니까? 우리가 삶 속에서 이 질문에 답할 수 없
다면 우리가 알고 있는 하나님의 말씀을 모조리 동원한다 해도 우리가
얻을 수 있는 도움은 지극히 미미할 것입니다.

▪▪▪ 하나님과 동행하는 삶을 살지 못하는 이유

왜 하나님의 사랑을 받는 많은 자녀들이 "주변 환경 때문에 하나님과 제 사이가 멀어졌어요. 갖가지 시련, 유혹, 성격, 기질, 친구, 원수, 그리고 그분과 제 사이에 끼어들 수 있는 이러저러한 것들 때문에 말이에요" 하고 계속 불평을 늘어놓는 것입니까? 하나님이 세상의 그 무엇보다도 더 우리에게 가까이 하실 수 없기 때문입니까? 부(富)나 가난, 기쁨이나 슬픔의 영향력이 하나님의 영향력보다 우리에게 더 강할 수밖에 없기 때문입니까? 아니요, 결코 그렇지 않습니다.

그러면 왜 하나님의 자녀들이 환경 때문에 하나님과의 사이가 멀어졌다고 계속 불평을 늘어놓는 것일까요? 대답은 오직 이 한 가지뿐입니다. "그들은 자기들의 하나님을 모르고 있습니다." 하나님의 교회에 어떤 문제나 연약한 모습이 나타난다면, 그것은 바로 이것 때문입니다. 우리는 우리의 하나님을 모르고 있습니다. 바로 이것이 "나는 너희의 하나님이 될 것이다"라는 언약을 주시면서 동시에 "너희는 내가 너희의 하나님인 줄 알지어다"라고 자주 말씀하신 이유입니다. 사람의 교훈이나 우리의 생각, 혹은 상상으로가 아니라 하나님이 우리 마음에 심어주신 살아 있는 증거로써 이 사실을 알고 있다면, 우리는 하나님의 신성한 존재가 위대하고 그토록 아름다우며 친밀하시므로 우리를 사랑하시는 하나님으로 말미암아 평생토록 승리하며 살게 되리라는 사실을 깨닿게 될 것입니다. 이것이 우리에게 필요한 삶이 아니겠습니까?

■ ■ ■ 하나님만을 간절히 바라라

그러면 또다시 다음과 같은 질문에 부닥칩니다. "도대체 하나님의 백성들이 자신의 하나님을 모르는 이유는 무엇일까?" 마찬가지로 대답은 한 가지입니다. 그들은 하나님이 스스로를 계시하실 때까지 기다리지 않고, 필요한 만큼 오래 기다리지 않고, 하나님이 아닌 그 무엇, 가령 목회 활동이나 설교, 독서, 기도, 사역, 그리고 인간의 본성을 발현하는 기타의 노력들에 더 마음을 쏟기 때문입니다. 우리가 얻은 교훈이나 우리가 기울이는 노력은, 우리 영혼의 모든 것이 되시는 하나님의 복된 빛을 얻는 데 아무런 도움이 되지 않습니다. 하지만 그 빛은 아직도 우리의 힘이 닿는 곳에 있으며 우리가 얻을 가능성이 있습니다. 하나님이 자신을 계시해 주시기만 한다면 말입니다.

저는 모든 사람이 매일 "나는 무엇보다도 하나님을 원해요. 내게 성경의 아름다운 진리만을 말하지 마세요. 그것은 나를 만족시킬 수 없습니다. 나는 하나님만을 원해요"라고 고백해 왔는지, 그리고 지금도 그렇게 하고 있는지 반드시 자문해 보아야 한다고 생각합니다. 그리스도인의 마음에서, 매일의 기도에서, 그리스도인의 삶에서, 교회에서, 기도 모임에서, 친교 자리에서, 하나님은 항상 첫자리를 차지하셔야 합니다. 우리가 하나님께 첫자리를 드린다면, 그분이 그 자리에 앉으실 것입니다.

우리가 개개인의 삶 속에서 살아 계신 하나님만 바라보고 전심으로 "내 영혼이 하나님을 갈망하나이다"라고 부르짖는다면, 영원하신 하나님의 능력과 축복과 임재가 얼마나 풍성하게 나타나겠습니까! 예를 한 가지 들겠습니다. 어떤 선생님이 강의 시간에 지도나 도표의 어떤 내용을 가리키는 데 긴 지시봉을 사용했다고 가정해 봅시다. 그러면 학생들이 그 지시봉을 쳐다보겠습니까? 그렇지 않을 것입니다. 지시봉은 단지 학생들에게 지도의 위치를 알려주는 도구일 뿐입니다. 그것이 순금으로 만들어졌을지라도, 학생은 지시봉에 만족할 수 없습니다. 그들은 지시봉이 가리키는 위치나 내용을 보고 싶어합니다. 마찬가지로 성경도 하나님을 가리키는 지시봉일 뿐입니다. 예수 그리스도도 우리에게 하나님을 가르쳐 주시고 하나님께 이르는 길을 보여 주시며 우리를 하나님께로 인도하시기 위해 오셨습니다. 저는 그리스도를 사랑하고 그분을 믿는 많은 사람들이 그분의 사역의 중요한 한 가지 목적을 이해하지 못하고 있다는 것에 두려움을 느낍니다. 즉, 그들은 "그리스도가 우리를 하나님께로 인도하시기 위해 돌아가셨다"는 성경 말씀을 전혀 이해하지 못하고 있습니다.

우리가 추구하는 목표와 그것을 이루는 방법은 서로 다릅니다. 가장 친한 친구와 경치가 빼어난 곳을 여행한다 하더라도 우리의 목적지가 고향이라면 주위의 모든 경관과 친구와 아름다움과 행복은 우리를 전적으로 만족시킬 수 없을 것입니다. 우리는 목적지에 이르기를 원합니다. 우리는 고향을 원합니다. 그리고 하나님은 우리 영혼의 고향이십니다. 그리스도는 우리를 하나님께로 돌이키시려고 세상에 오셨습니다. 그러므로 우리가 그리스도를 하나님이 목적하신 대로 받아들이지 않는다면, 우리의 신앙은 항상 불완전할 것입니다.

히브리서 7장은 무엇을 가르치고 있습니까? "(그는) 온전히 구원하실 수 있으니"(25절). 누구를 구원하실 수 있습니까? "자기를 힘입어 하나님께 나아가는 자들"입니다. 그리스도께만 나아가는 자들이 아닙니다. 그리스도 안에서 그분의 이름을 찬양하십시오. 우리는 하나님의 자비와 배려와 긍휼을 경험합니다. 그러나 우리는 이것에 만족하고 여기에만 머무를 위험이 있습니다. 그리스도는 우리를 하나님의 영광, 즉 그분의 의, 거룩함, 권위, 임재, 그리고 권능을 즐거워하는 데까지 인도하고 싶어하십니다. 그리스도는 자기를 힘입어 하나님께로 나아오는 자들을 온전히 구원하실 수 있습니다!

■ ■ ※ 하나님으로 가득 찬 삶을 위한 방법 **하나님을 기다리라**

이제 하나님을 어떤 환경보다 월등하신 하나님으로, 매일 우리의 마음과 생활을 가득 채우시는 하나님으로 깨달을 수 있는 방법을 몇 가지 살펴보겠습니다. 무엇보다도 먼저 해야 할 일은 하나님을 기다리는 것입니다. 성경은 이렇게 말씀합니다. "나의 영혼아 잠잠히 하나님만 바라라"(시 62:5). 하나님 앞에서 영혼이 잠잠하다는 것은 무슨 의미입니까? 이것은 영혼이 "나는 영원하신 하나님이 내 속에 들어오셔서 나를 붙들어 주심으로 나의 삶 전체가 그분의 통치 아래 놓이기를 원합니다. 그분이 나를 소유하심으로 매순간 내 안에서 완전히 역사하시기를 원합니다"라고 고백하며, 스스로의 보잘것없음과 무지, 편견, 그리고 육체적이고 죄된 모든 것, 즉 정욕에 빠질 위험성을 인식하는 것입니다. 이것은 우리 하나님의 본성 안에 내포되어 있습니다. 우리는 얼마나 하나님 앞에서 잠잠하고 그분을 기다려야 하는지요!

저는 경외하는 심정으로 "하나님은 무엇을 위해 존재하시는가?"라는 질문을 던지고 싶습니다. 하나님은 피조물의 빛과 생명이 되시기 위해, 모든 존재의 근원과 힘이 되시기 위해 존재하십니다. 아름다운 나무, 푸른 초원, 그리고 밝은 태양, 하나님은 자신의 아름다움과 지혜와 영광을 보이시려고 이런 것들을 창조하셨습니다. 백년 된 나무를 생각해 보십시오. 그 나무의 씨가 처음 땅에 떨어졌을 때, 하나님은 생존에 필요한 생명의 줄기를 주시지 않았습니다. 그럴지라도 진실로 하나님은 매년 그 나무에 잎사귀와 열매를 주었고 아름다운 새 꽃으로 치장해 주셨습니다. 매일 매시간 모든 자연의 생명을 유지시켜 주시는 분은 바로 하나님이십니다. 그리고 하나님은 당신의 아름다움, 뜻, 사랑, 그리고 복되신 아들의 모습을 채워주시려고 우리를 빈 그릇으로서 창조하셨습니다.

이것이 하나님이 존재하시는 이유입니다. 그분은 매순간 그 전능하신 능력으로 우리 안에서 역사하시기 위해 존재하십니다. 이 사실을 깨닫고 나서, 저는 참된 그리스도인의 삶이 전혀 불가능하다거나 혹은 부자연스러운 일이라는 생각을 모두 버리게 되었습니다. 대신 저는 "하나님이 매순간 나를 소유하시며 나의 하나님이 다른 모든 것보다 내게 더 가까우시다는 것은 세상에서 가장 자연스러운 일이다"라고 말하게 되었습니다. 하나님이 매순간 나와 함께해 주시기를 바라는 일이 불가능하다고 생각하는 것만큼 어리석은 일이 또 어디 있겠습니까!

태양을 한번 보십시오. 그 빛 아래서 일하거나 공부하거나 혹은 책을 읽는 데 어려움을 느낀 적이 있었습니까? 당신은 "어떻게 내가 저 빛을 계속 받을 수 있을까? 어떻게 저 빛을 붙들어 놓을 수 있을까? 내가 어떻게 저 빛을 계속 누릴 수 있다고 장담할 수 있을까?"라고 말해 본 적이 있습니까? 그런 생각조차 해보지 않았을 것입니다. 하나님은 당신이 염려하지 않아도 태양이 계속 당신에게 빛을 비추도록 돌보십니다. 태양은 부르지 않아도 당신을 찾아옵니다. 한번 물어보겠습니다. 당신은 다음 사실을 어떻게 생각하십니까? 하나님이 그동안 하루 종일 당신이 깨닫지 못하는 동안에, 따사로운 태양빛이 당신을 찾아와서 복되고 능력 있게 당신 안에 머물도록 하셨습니까? 이와 마찬가지로 당신이 하루 종일 세상의 그 무엇보다 하나님과 더 가까이 할 수 있도록 하나님이 그분의 빛과 존재를 당신에게 환히 비춰주실 수 있고 또 기꺼이 그렇게 하실 거라고 생각하십니까?

■ ■ ▪ ▪ 하나님으로 가득 찬 삶을 위한 방법 **나를 완전히 비우라**

확신을 가지고 하나님을 찬양합시다. 그분은 그렇게 하실 수 있습니다. 그런데 왜 하나님은 그렇게 하시지 않을까요? 왜 그와 같은 일이 거의 나타나지 않거나 그토록 희박하게 나타나는 걸까요? 대답은 한 가지뿐입니다. 당신이 하나님께 기회를 드리지 않았기 때문입니다. 당신은 다른 용무, 종교적인 행사, 설교와 기도, 성경 공부와 사역에 사로잡힌 나머지, 한마디로 당신의 신앙에 온통 마음을 빼앗긴 나머지, 하나님이 친히 스스로를 계시하시고 마음에 들어오셔서 당신을 소유하실 시간을 허락하지 않았습니다. 형제여, 하나님을 올바로 알았던 이 시편 기자의 말에 귀를 기울이십시오. 그리고 이렇게 말하십시오. "나의 영혼아 잠잠히 하나님만 바라라."

저는 이것이 바로 창조주의 영광이요, 그리스도가 세상에 가져오신 삶이며, 그분이 친히 사셨던 삶이고, 그분이 우리에게 원하시는 삶이라고 생각합니다. 즉, 하나님께 전적으로 의지하는 삶입니다. 그리스도의 삶의 비밀이 바로 이것이었습니다. 예수님은 항상 하나님이 함께

하심을 분명하게 인식하고 있었습니다. 그러므로 아무리 유다가 자신을 배반하고, 아무리 가야바가 자신을 불의하게 정죄하며, 아무리 빌라도가 자신을 십자가에 못 박을지라도, 아버지 하나님의 함께하심이 늘 그분 위에, 그분 안에, 그리고 그분 주위에 충만했습니다. 그러므로 사람이 감히 예수님의 영에 손을 댈 수가 없었습니다. 그리고 이것이 바로 하나님이 우리에게 요구하시는 수준입니다. 우리의 끊임없는 활동과 헛된 노력이 혹 하나님이 역사하시지 못하게 막는 요인은 아닙니까? 하나님은 우리를 끌어당기고 계십니다. 이것은 우리의 열망도 아니고 자각도 아닙니다. 우리를 끌어당기는 것은 바로 영원하고 신성한 자기(磁氣)입니다. 기억하십시오. 이러한 끊임없는 열망과 노력이 바로 하나님의 역사입니다. 나와서 잠잠히 하나님만 바라십시오. 그러면 하나님이 스스로를 계시하실 것입니다.

■ ■ ■ 하나님으로 가득 찬 삶을 위한 방법 **기도로 하나님을 잠잠히 바라라**

그러면 어떻게 하나님을 기다려야 합니까? 대답은 이렇습니다. 무엇보다도 기도를 드릴 때 하나님 앞에서 입을 다물고 잠잠히 기다리는 데 시간을 들여야 합니다. 기도에서 가장 중요한 것은 무엇입니까? 그것은 우리가 간구드리고 있는 하나님, 그분의 음성에 귀를 기울이는 것입니다. 우리는 하나님의 주의를 끌었다는 분명한 확신이 생길 때까지 기도를 드릴 준비가 되어 있지 않습니다. 당신은 벌써 이것을 모두 알고 있을지도 모르겠습니다. 하지만 그럴지라도 영원하시고 전능하신 하나님이 진실로 당신 바로 곁에 계시다는 거룩한 확신을 성령님으로 인해 가져야 합니다. 사랑이신 하나님은 자신을 위해 당신을 소유하고 싶어하십니다. 하나님 앞에서 잠잠히 그분만을 바라면서 이렇게 말하십시오. "하나님, 저를 받아주옵소서. 당신을 나타내시되, 저의 생각이나 상상에 나타내지 마옵시고, 하나님이 저를 비추고 계시다는 이 엄숙하고, 두려움을 자아내며, 영혼을 복종시키는 의식(意識)을 통하여 당신을 나타내 주옵소서. 그리고 저를 믿음과 겸손의 자리로 인도하여 주옵소서."

　　기도는 진실로 하나님을 잠잠히 바라는 것이어야 합니다. 하지만 애석하게도 하나님을 바라지 않는 기도도 많습니다. 하나님을 바라는 것이 기도의 첫째 되는 가장 중요한 출발점입니다. 기도를 시작하기 전에 하나님의 영광과 가까이하심을 겸손하고도 조용히 인정하며 경배를 드릴 때, 우리는 기도를 마치면서 얻게 될 바로 그 축복을 처음부터 얻을 수 있습니다. 시작에서부터 우리는 하나님을 대면하게 될 것입니다. 저는 영원하시고 전능하신 사랑의 하나님과 교제를 나누면서 하나님이 축복해 주시는 것을 깨닫습니다. 하나님 앞에서 잠잠히 거하는 것을 망설이지 마십시오. 그렇게 한다면 우리는 그 잠잠함을 우리의 일상생활 속으로 가져올 수도 있을 것입니다. 즉, 주일 예배나 토요 기도 모임에 참석할 때, 우리는 하나님과 우리 사이에 아무것도 끼어들지 않기를 바라게 될 것입니다. 또한 듣고 배우는 데 온통 마음이 사로잡혀 하나님의 임재를 잊어버리는 잘못을 범하지 않기를 진실로 바라게 될 것입니다.

■ ■ ■ 하나님으로 가득 찬 삶을 위한 방법 **겸손과 희생의 자세**

모세는 이스라엘 백성들이 하나님을 만날 수 있도록 인도했습니다. 하나님이 모든 사역자를 시내산 아래의 모세처럼 만들어 주시기를 간절히 바랍니다! 그 백성들은 두려움으로 한걸음 물러서기 전까지 하나님을 실제로 만났습니다. 모든 사역자들은 신자들이 "목사님이 원하시는 것은 우리들을 하나님께로 인도하는 것이다"라는 것을 전혀 깨닫게 만들지도 못한 채 설교하고 가르치는 행동만을 해온 죄를 용서해 달라고 하나님께 기도해야 합니다. 신자들은 하나님을 바라고 경배하는 겸손한 마음을 가져야 합니다. 우리는 모든 예배를 드릴 때 하나님을 바라야 합니다. 즉, 하나님 바라는 것을 공부하고, 그 방법에 관해 말하며, 교회에서 너무 많이 잊혀져 온 이 진리를 찾기 위해 서로를 도와야 합니다. 우리는 예배에서 하나님을 잠잠히 바라야 합니다. 그렇게 하면 일상생활에도 하나님을 바라게 될 것입니다.

수많은 그리스도인들이 왜 자신들이 하나님을 만나지 못하고 실패를 거듭하는지 의아하게 생각하고 있을 것입니다. 하지만 그들이 안이한 태도로 몇 시간씩 대화하는 것을 생각해 보십시오. 그들은 결코 이러한 모든 일들이 자신의 영혼의 힘을 소진시키고 하나님의 즉각적인 임재도 경험하지 못한 채 시간만 낭비하게 만든다는 사실을 깨닫지 못합니다. 우리는 하나님만 끊임없이 바라는 삶에 반드시 요구되는 희생을 감수하려 하지 않습니다. 이것은 큰 난제입니다.

혹 우리 중에 지극히 높으신 분의 아래, 즉 "그의 장막 은밀한 곳에"(시 27:5) 매순간 거하는 일이 불가능하다고 느끼는 사람이 있습니까? 사랑하는 형제 자매여, 이것을 너무 대단하게 혹은 너무 어렵게 생각하지 마십시오. 물론 우리가 이것을 얻기는 어렵습니다. 그러나 하나님이 이것을 우리에게 주실 것입니다. 하나님을 더욱 간절하게 그리고 더욱 열심히 기다립시다. 때로 집에서 짧은 시간이라도 좋으니 조용히 경배를 드립시다. 골방에서 잠잠히 하나님을 기다리면서 마음을 다해 하나님이 우리 안에 들어오시기를 진정으로 바라는 기도를 올립시다.

신앙이 무엇입니까? 신앙이란 실로 우리 안에 역사하시는 하나님을 소유하는 것입니다. 그러므로 좀더 깊은 신앙, 좀더 풍성한 은혜, 좀더 강한 능력, 그리고 좀더 많은 열매를 원한다면, 더욱더 하나님을 소유해야 합니다. 이것이 우리 심령의 외침이 되어야 합니다. 더욱더 하나님을! 더욱더 하나님을! 더욱더 하나님을! 그리고 우리 영혼을 향해 이렇게 말합시다. "나의 영혼아 잠잠히 하나님만 바라라 무릇 나의 소망이 그로부터 나오는도다."

4. 안식에 들어감

그러므로 우리는 두려워할지니 그의 안식에 들어갈 약속이 남아 있을지라도
너희 중에는 혹 이르지 못할 자가 있을까 함이라(히 4:1).
그러므로 우리가 저 안식에 들어가기를 힘쓸지니
이는 누구든지 저 순종하지 아니하는 본에 빠지지 않게 하려 함이라(히 4:11).

이 장에서는 되도록이면 가장 쉬운 방법으로 "사람은 어떻게 안
식에 들어가는가?"라는 질문에 답하고, 또한 순종과 믿음의 행동으로
축복을 받을 수 있는 간단한 단계들을 몇 가지 제시하고 싶습니다.

■ ■ ■ 영원한 안식에 들어가는 첫 번째 단계 **믿음의 삶**

첫 번째 단계로 먼저 "나는 진심으로 믿음의 삶 속에 안식이 있다

는 사실을 믿는다"라고 말하는 것을 배워야 합니다. 이스라엘은 두 가지 절차를 경험했습니다. 신명기 5장은 이것을 아름답게 묘사하고 있습니다. 하나님은 우리를 인도하시기 위해 먼저 구출하셨습니다. 이것이 하나님의 구속 사역의 양면성입니다. 다시 말해 하나님은 우리를 가나안으로 인도하시기 위해 애굽으로부터 구출하셨습니다. 이것은 모든 신자에게 똑같이 적용될 수 있습니다. 당신이 회심했을 때, 하나님은 당신을 애굽으로부터 구출하셨습니다. 그리고 이제 바로 그 전능하신 하나님이 당신을 가나안의 삶으로 인도하려 하십니다. 하나님이 이스라엘 백성들을 어떻게 구출하셨는지, 그리고 그들이 어떻게 하나님의 인도를 거부하고 결국은 40년 동안 광야에서 방황하게 되었는지 우리는 알고 있습니다. 오늘날 수많은 그리스도인들이 이와 똑같은 삶을 살고 있습니다.

하나님은 사람들이 회심하는 순간 그들을 구출해 주셨습니다. 하지만 그들은 하나님이 자기들을 위하여 친히 준비해 두신 축복으로 인도하시는 것을 막무가내로 거부합니다. "어떻게 하면 안식에 들어갈 수 있을까요?"라고 묻는 사람들에게 저는 무엇보다도 먼저 이렇게 말하라고 가르칩니다. "나는 예수님, 곧 우리의 여호수아에게는 신실한 영혼을 인도하실 수 있는 안식이 있다는 것을 진심으로 믿습니다." 그리고 당신이 지금까지 살았던 삶과 앞으로 살기 원하는 삶의 차이를 알고 싶다면, 광야와 가나안을 한번 비교해 보십시오.

가나안에는 온전한 안식이 있다

광야에서 이스라엘 백성들은 40년 동안 이리저리 방황했습니다. 그러나 가나안, 즉 하나님이 그들에게 주신 땅에서 온전한 안식을 누렸습니다. 이것이 가나안으로 들어간 그리스도인의 삶과 그렇지 않은 그리스도인의 삶이 갖는 큰 차이입니다. 광야에서의 삶은 이리저리 방황하고 세상을 추구하다가 다시 돌이켜 회개하며, 유혹에 이끌려 타락했다가 다시 시작하기 위해 돌이키는 영고성쇠(榮枯盛衰)의 연속입니다. 그러나 가나안에서의 삶은 "하나님이 전능하신 힘으로 매순간 나를 지켜주신다"는 굳은 믿음이 있으므로 오직 충만한 안식만 있을 뿐입니다.

가나안에는 모든 것이 풍요롭다

두 번째 차이는 광야에서의 삶이 궁핍했던 데 반해 가나안에서의 삶은 풍요롭다는 것입니다. 광야에서는 먹을 양식과 마실 물이 전혀 없었습니다. 은혜로우신 하나님이 만나와 바위에서 샘솟는 물로 그들의 필요를 채워주셨지만, 애석하게도 그들은 이것에 만족하지 않았고 늘 결핍과 불평 속에서 살았습니다. 그러나 가나안에서 하나님은 그들이 손수 가꾸지도 않은 포도원을 선물로 주셨습니다. 또한 그 땅의 기름진 곡식들도 베푸셨습니다. 가나안은 젖과 꿀이 흐르는 땅, 천국의 비가 내리고 하나님이 친히 돌보아 주시는 그런 땅이었습니다. 그러니 이제 하나님께 나아와 이렇게 고백하십시오. "지금까지 내가 빠져 있던 영적인 죽음, 어두움, 슬픔, 그리고 불평의 삶에서 벗어나 모든 결핍이 채워지는 땅, 매일 매순간 예수님의 은혜가 풍족히 공급되는 땅으로 변화될 수 있다고 믿습니다." 오늘 이렇게 고백하십시오. "나는 그러한 안식의 땅에 들어갈 수 있다고 믿습니다."

가나안에는 승리가 있다

세 번째 차이는 이렇습니다. 광야에서는 승리가 없었습니다. 이스라엘 백성들이 가데스에서 범죄한 후 다시 돌이켜 적들을 치려고 올라갔지만 결국 그들은 패하고 말았습니다. 그러나 가나안 땅에서 그들은 모든 적을 물리쳤습니다. 이스라엘인들은 여리고 성에서 시작하여 승리에 승리를 거듭했습니다. 이와 같이 하나님과 그리스도와 성령님이 매일매일 승리를 주시기 위해 기다리고 계십니다. 이것은 유혹에서 면제받는 자유를 말하는 것이 아닙니다. 결코 그렇지 않습니다. 그 승리는 그리스도와 연합하여 "내게 능력 주시는 자 안에서 내가 모든 것을 할 수 있느니라"(빌 4:13)고 말할 수 있는 능력을 말하는 것입니다. "우리를 사랑하시는 이로 말미암아 우리가 넉넉히 이기느니라"(롬 8:37). 모든 심령이 이렇게 고백할 수 있도록 하나님이 은혜 내려 주시기를 간절히 기도합니다.

그러고 나서 우리는 두 번째 단계로 나아갑니다. 저는 당신이 "나는 그러한 삶이 있다는 것을 믿어요"라고 말할 뿐만 아니라 "나는 아직 그런 삶에 들어가지 못했어요"라고 고백하기를 바랍니다. 어떤 이는 "나는 그러한 삶을 추구해 왔소"라고 말할 것입니다. 또 어떤 이는 "나는 그것에 대해 들어본 적도 없어요"라고 말하거나, 혹은 "때로 나는 그것을 찾았다고 생각했습니다. 하지만 나는 다시 그것을 잃어버렸어요"라고 말할지도 모릅니다. 그러나 사정이 어떠했든지 우리는 모두 하나님 앞에서 정직해야 합니다.

아직 그러한 삶을 발견하지 못했다면 이렇게 고백하십시오. "주님, 이 순간까지 저는 한 번도 그러한 안식을 누려 본 적이 없습니다." 왜 이렇게 고백하는 것이 중요합니까? 사랑하는 친구여, 그 이유는 어떤 사람들은 은근슬쩍 이러한 안식의 삶에 들어가기를 원하지만, 다시 말해서 몰래 훔쳐오기를 원하지만, 하나님이 이것을 결코 용인하시지 않기 때문입니다. 광야에서의 삶은 당신에게도 슬픔이 가득한 삶이었지만, 하나님께도 죄를 짓고 그분의 이름을 더럽힌 삶이었습니다. 구원으로 더 깊이 나아가는 단계마다 반드시 굳센 믿음과 자백이 있어야 합니다. 그러므로 모든 그리스도인은 기꺼이 이렇게 자백해야 합니다. "애통하다! 나는 이러한 안식의 삶을 살지 못했고 오히려 죄를 범했다.

나는 하나님의 이름을 더럽혔다. 나는 이스라엘 백성처럼 살았다. 나는 불신과 불순종으로 하나님의 분노를 일으켰다. 오, 하나님께서 내게 자비를 베풀어 주시기를!" 우리는 하나님 앞에 나아가 은밀하게 "저는 이러한 삶을 살지 못했습니다. 그래서 제 마음이 아픕니다. 저는 안식의 땅에 거하는 삶으로 하나님을 영화롭게 하지 못했습니다"라고 자백해야 합니다.

■ ■ ■ 영원한 안식에 들어가는 세 번째 단계 **믿음으로 선포하라**

이제 세 번째 단계가 있습니다. 저는 당신이 "저를 위해 이러한 삶을 준비해 두신 하나님, 감사합니다"라고 말하기를 바랍니다. 어떤 사람은 "나는 이러한 삶이 있다는 것을 믿습니다. 하지만 이것은 나를 위해 준비된 삶은 아닙니다"라고 말합니다. 그리고 계속해서 이렇게 말합니다. "내 성격은 아주 불안정합니다. 나는 천성적으로 의지가 매우 약한 사람이에요. 내 성질은 원래 신경질적이고 불같습니다. 내가 아무 근심 없이 하나님 안에서 안식을 누리며 사는 일이란 불가능해요." 사랑하는 형제 자매여, 제발 그렇게 말하지 마십시오. 그것은 단지 다음 한 가지 이유 때문에 그렇게 말하는 것입니다.

당신은 하나님이 당신을 위해 행하실 일이 무엇인지 모르고 있습니다. 자아로부터 고개를 돌려 하나님을 바라보십시오. 그리고 이 귀한 말씀을 받아들이십시오. "하나님은 나를 인도하시기 위해 구출하셨다." 이스라엘 백성으로 하여금 홍해를 건너게 하신 하나님이 바로 그들을 요단 강 너머, 가나안으로 인도하신 그 하나님이십니다. 마찬가지로 당신을 회심시켜 주신 하나님은 당신에게 이러한 복된 삶을 매일 주실 수 있는 하나님이십니다.

그러므로 믿음이 연약한 초기부터, 심지어 당신이 그것을 구하기 전일지라도, 이렇게 말하십시오. "이러한 삶은 나를 위한 것이다. 나는 이것을 진심으로 믿는다. 하나님은 모든 자녀에게 기업을 주신다. 복된 삶이 나를 기다리고 있음을 믿는다. 이것은 나를 위해 준비되어 있다. 하나님은 내 안에서 이것을 이루어 주실 것이다. 그분의 복되신 이름에 영광이 있기를! 나의 영혼도 이것이 나를 위해 있다고 말한다." 여기서 짧은 구절인 '나를 위해'를 받아들이고 하나님 앞에서 담대히 이렇게 말하십시오. "값을 헤아릴 수 없는 이 진귀한 보화가 가장 나약하고 가치 없는 저를 위해 있습니다. 진실로 이 보화는 저를 위한 것입니다." 이렇게 말한 적이 있습니까? 지금 말하십시오. "이러한 삶이 내게도 가능하다."

■ ■ ■ 영원한 안식에 들어가는 네 번째 단계 **나는 할 수 없다**

네 번째 단계는 다음과 같이 말하는 것입니다. "내 노력으로는 결코 이것을 얻을 수 없다. 오직 하나님이 내게 주셔야 가능하다." 저는 당신이 "이것은 나를 위해 있다"라고 말할 때 아주 담대하기를 바랍니다. 하지만 그런 후에 나는 또 당신이 아주 낮아져서 "나는 그것을 붙잡을 수 없다. 나는 그것을 취할 수 없다"라고 말하기를 바랍니다.

그렇다면 당신은 그러한 삶을 어떻게 얻을 수 있습니까? 하나님을 찬양하십시오. 그분이 일단 당신에게 전적인 무능과 자기 절망을 깨닫게 해주신다면, 다시 당신을 가까이 부르시고 이렇게 물으실 것입니다. "내가 네 안에서 이 일을 이룰 줄 믿느냐?" 사랑하는 그리스도인이여, 마음을 모아 이렇게 말하십시오. "하나님이 이것을 제게 이루어 주셔야 합니다." 이 복된 무력감을 품으십시오. 하나님이 우리를 구출해 주셨습니다. 또한 하나님이 우리를 인도해 주셔야 합니다. 무력해지는 것이 가장 큰 행복입니다. 성령님으로 말미암아 이러한 참된 무력함을 당신에게 계시해 달라고 하나님께 구하십시오. 그러면 "주님, 당신이 이것을 이루어 주셔야 합니다. 그렇지 않으면 이 일은 결코 이루어질 수 없습니다"라고 말할 수 있는 믿음의 길이 열릴 것입니다. 하나님이 이것을 이루실 것입니다.

사람들은 믿음에 대한 설교를 그렇게 많이 듣고 믿음을 구하는 기도를 그토록 열심히 했는데도 왜 자신들이 믿을 수 없는지 의아하게 생각합니다. 그 대답은 한 가지뿐입니다. 자아가 그 원인입니다. 열심히 일하고 분투노력하는 자아는 무너져야 합니다. 자아를 포기하고 "주님, 저를 도와주십시오! 주님, 제발 저를 도와주십시오!"라고 울부짖으면, 그때 구원이 가까이 찾아옵니다. 이것을 믿으십시오. 이스라엘 백성들을 인도하셨던 바로 그 하나님이 지금 당신을 인도하실 것입니다.

사람은 이러한 안식을 얻기 위해 기꺼이 자기의 모든 것을 포기해야 합니다. 하나님의 은혜는 값없는 선물입니다. 이것은 돈이나 대가를 전혀 치르지 않고 받기만 하면 되는 것입니다. 그러나 한편으로 예수님은 이 값비싼 진주를 원하는 사람은 누구든지 그것을 사기 위해 자기의 모든 소유를 팔아야 한다고 말씀하셨습니다. 이러한 놀라운 삶을 발견한 사람은, 그 아름다움과 매력과 영광을 그저 바라만 보거나 그것의 기쁨과 즐거움을 약간 맛보는 것만으로는 만족하기 어려울 것입니다. 그 땅의 주인이 되어야 속이 시원할 것입니다. 보화가 묻혀 있는 땅을 발견했던 사람과 값비싼 진주를 발견했던 사람은 모두 기뻐했습니다. 하지만 그들은 아직 그것을 소유하지 못했습니다. 그들은 진주를 발견했고 그것을 보았으며, 그것을 바랐고 기뻐했지만, 아직 손에 넣지는 못했습니다. 그들이 모든 재산을 팔고 모든 것을 포기하여 그 땅과 진주를 사들일 때까지 보화는 그들의 소유가 아닙니다.

■■■ 포기할 때 얻는 것

친구여, 당신이 포기해야 할 분량은 아주 많습니다. 이 세상, 이곳의 기쁨, 기호(嗜好), 훌륭한 사상 등. 당신과 세상의 관계는 예수님이 세상과 맺으셨던 관계와 똑같아야 합니다. 그 당시 세상은 그분을 거부했고 배척했습니다. 그리고 이제 당신도 자신이 속해 있는 곳에서 주님과 같은 입장을 취해야 하고, 또한 세상으로부터 배척을 당했던 그리스도를 따라가야 합니다. 모든 것을 포기해야 합니다. 당신은 자신 안에 있는 모든 선한 것을 포기하고, 죽음의 재 속으로 낮아져야 합니다.

그리고 이것이 전부는 아닙니다. 과거 모든 신앙생활과 경험과 성공을 단념해야 합니다. 오직 하나님만 영광을 받으실 수 있도록 당신은 티끌과 같은 존재가 되어야 합니다. 회심했을 때 하나님은 당신을 구출해 주셨습니다. 이것은 곧 당신에게 하나님 자신의 생명을 주신 것입니다. 그러나 당신은 불순종과 불신으로 이것을 더럽혔습니다. 이 모든 것을 포기하십시오. 하나님의 일에 대한 당신의 지혜와 생각을 전부 버리십시오. 복음 사역자들이 자신의 모든 지혜를 포기하고 이를 예수님의 발아래 내려놓은 채 빈 마음으로 "주님, 저는 마땅히 알아야 할 바대로 제 자신이 아무것도 아니라는 것을 깨달았습니다. 저는 복음을 전해왔지만, 실은 저 복된 땅과 저 복된 삶의 영광을 깨닫는 데 얼마나 미약했는지요!"라고 자백하는 것이 얼마나 어려운지요.

그렇다면 왜 성령님이 우리를 더 효과적으로 가르치실 수 없을까요? 바로 사람의 지혜가 성령님을 막기 때문입니다. 사람의 지혜는 하나님의 빛이 비추지 못하도록 막습니다. 이것은 다른 모든 일들에도 적용됩니다. 모든 것을 깨끗이 포기하십시오. 사람들은 각자 개인적인 죄를 포기해야 합니다. 어떤 그리스도인은 형제에게 화내는 행동을 포기해야 합니다. 또 어떤 자매는 이웃과 다투는 것을 포기해야 합니다. 또 당연히 해야 할 일을 하지 않으면서 사는 무책임한 친구들도 돌이켜야 합니다. 또 보잘것없는 미덥지 못한 일들을 꽉 붙들고서 기꺼이 순종하지 않는 고집도 포기해야 합니다. 광야와 같은 생활과 정욕 뒤에 숨어 지내기를 좋아하는 그리스도인도 이제 모든 것을 내려놓아야 합니다.

■■■ 가장 가치 있는 존재, 하나님

모든 것을 내려놓고 이렇게 말하십시오. "나는 이 값비싼 진주를 얻기 위해 모든 것을 포기할 준비가 되어 있다. 나의 모든 시간, 나의 모든 관심, 그리고 나의 모든 일, 나는 하나님의 안식을 인생의 첫자리에 놓고 다른 모든 일은 부차적으로 생각한다. 나는 하나님과 온전한 교제를 나누기 위해 모든 것을 포기하고 바친다." 이 일에 시간을 들이지 않는다면, 당신은 완전한 안식을 얻을 수 없고 매일 하나님과 온전한 교제를 누릴 수 없습니다.

우리는 세상만사에 시간을 들이고 있습니다. 학생이 피아노를 능숙하게 치기 위해 얼마나 많은 시간을 연습에 투자합니까? 청년이 법학이나 의학 전문가가 되기 위해 얼마나 많은 시간을 공부에 바치고 있습니까? 그는 전문 지식을 완전히 습득할 때까지 수년 동안을 기꺼이 공부에 바칩니다. 당신은 하나님과 친밀한 교제를 나누는 데 전혀 시간을 투자하지 않아도 좋을 만큼 신앙이 그렇게 값싼 것이라고 생각합니까? 결코 그렇게 생각해서는 안 됩니다. 나의 형제 자매여, 값비싼 진주는 최고의 가치입니다. 하나님은 최고의 가치입니다. 그리스도는 최고의 가치입니다.

오늘 즉시 이렇게 말하십시오. "주님, 어떤 값을 치러도 좋으니 제발 저를 도와주십시오. 저는 진심으로 이러한 삶을 살고 싶습니다." 이렇게 말하는 데 어려움을 느낄지라도, 마음에 갈등이 생길지라도, 너무 크게 염려하지 마십시오. 대신 하나님께 이렇게 기도하십시오. "주님, 저는 이렇게 할 마음의 준비가 충분히 되어 있다고 생각했습니다. 그러나 지금 저는 그러한 마음의 준비가 얼마나 부족한지 알게 되었습니다. 제 마음속에 악이 여전히 버티고 있다는 것을 비로소 깨닫게 되었습니다." 하나님의 은혜로 말미암아 그분의 발아래 엎드리고 그분을 신뢰하게 된다면, 틀림없이 당신 곁으로 구원이 찾아올 것입니다.

■ ■ ▫ ▫ 영원한 안식에 들어가는 다섯 번째 단계 **하나님과의 대면**

이제 다섯 번째 단계에 이르렀습니다. 이것은 다음과 같이 말하는 것입니다. "이러한 완전한 안식으로 저를 인도하실 수 있도록, 거룩하시고 영원하신 하나님께 저 자신을 바칩니다." 우리는 하나님을 대면하여 만나기를 배워야 합니다. 우리는 그동안 죄로 하나님을 거스려 왔습니다. 다윗이 "내가 주께만 범죄하여 주의 목전에 악을 행하였사오니"(시 51:4)라고 고백했을 때 깨달았던 것도 바로 이러한 사실이었습니다.

당신이 개인적으로 대면하고 만나야 할 분은 바로 심판 보좌에 앉아 계신 하나님이십니다. 그리고 죄를 용서해 주시려고 당신을 개인적으로 만나주시는 분도 바로 하나님이십니다. 지금, 자신을 살아 계신 하나님의 처분에 맡기십시오. 하나님은 사랑이십니다. 하나님은 당신 가까이 계십니다. 하나님은 당신에게 복을 주시려고 기다리고 계십니다. 하나님의 마음이 당신을 애타게 사모하고 있습니다. 하나님은 이렇게 말씀하십니다. "내 자녀들아, 너희는 안식을 바라지만 나는 너희를 바란다. 왜냐하면 나는 내 성전인 너희의 마음에서 안식을 누리고 싶기 때문이다." 당신에게는 하나님이 필요합니다. 그러나 하나님도 당신 안에 계신 그리스도 안에서 아버지의 심정을 마음껏 발휘하시기 위해 당신을 원하십니다. 지금 이렇게 말하십시오. "지금 그리스도께 제 자신을 바칩니다. 저는 값진 선택을 했습니다. 심사숙고한 끝에 저는 '주 하나님, 저는 이 값비싼 진주를 샀습니다. 저는 이것을 얻기 위해 모든 것을 포기했습니다. 예수님의 이름으로 저는 이 완전한 안식의 삶을 받아들입니다'라고 기도드립니다."

드디어 마지막 단계에 이르렀습니다. 위와 같이 고백한 다음, 이렇게 덧붙이십시오. "그리고 이제 저는 하나님이 이 모든 일을 제게 이루어 주실 것을 믿습니다. 앞으로 1년을 더 살든지 30년을 더 살든지, 저는 오늘 '하나님은 여호와이시고, 스스로 존재하는 자(I AM)이시며, 영원한 존재(the external one)이시다. 그러므로 그분께는 30년 후도 지금과 조금도 다름이 없다'는 사실을 배웠습니다. 그리고 저는 하나님을 붙잡는 제 힘으로가 아니라 오직 저를 붙드시는 하나님의 전능하신 사랑의 능력으로 말미암아 하나님이 저에게 자신을 내어주신다는 사실을 깨달았습니다."

지금 이 순간, 미래에 대하여 하나님을 신뢰하십니까? 다시 한번 예수 그리스도 안에서 하나님을 바라보십시오. 당신은 "하나님이 우리에게 독생자를 주셨다"는 말씀을 수천 번 듣고 생각했을 것입니다. 하지만 혹 오늘 "어떻게 하나님이 내 일생의 모든 날, 모든 순간에 독생자와 함께 내게 모든 것을 주실 수 있단 말인가?"라고 말하지는 않았습니까? 부디 믿음으로 이렇게 고백하십시오. "어떻게 하나님이 그분의 얼굴빛 안에, 그리스도의 구원의 온전한 능력 가운데 나를 두시지 않겠는가? 하나님이 태양을 저토록 빛나게 만드시지 않았는가? 그리고 저 태양은 모든 구석구석에 밝은 빛을 기꺼이 비추고 있지 않은가? 그렇다면, 사랑이신 나의 하나님도 연초부터 연말까지, 아침부터 저녁까지, 종일토록 나의 마음속에 기꺼이 빛을 비춰주실 것을 믿는다." 하나님은 사랑이시며 우리에게 자신을 보여주시기를 열망하십니다.

당신이 지금까지 스스로의 힘으로 살아왔다면, 오늘 새롭게 출발하지 않겠습니까? 하나님이 모든 것이 되시며 그분 안에서 모든 일에 안식을 누리는 삶을 선택하지 않겠습니까? "하나님, 저는 당신께 이러한 삶을 구하고 바라며 또한 주실 것을 믿습니다. 주님이 매순간 저를 지켜주실 수 있도록, 저는 오늘 당신의 안식에 들어갑니다. 제가 하나님의 안식에 들어갑니다." 이렇게 말할 준비가 되어 있습니까? 선한 용기를 가지십시오. 두려워하지 마십시오. 당신은 하나님을 신뢰할 수 있습니다. 하나님이 안식으로 인도하십니다.

예언서에 기록된 하나님의 말씀에 다시 한번 귀를 기울이십시오. "너는 삼가며 조용하라 … 두려워하지 말며 낙심하지 말라"(사 7:4). 여호수아는 이스라엘 백성을 가나안으로 인도했습니다. 하나님이 여호수아를 통하여 그 일을 이루셨습니다. 예수님, 우리를 피로 깨끗이 씻어주셨던 예수님, 이전에 소중한 구주로 배웠던 바로 그 예수님이 우리의 여호수아이십니다. 오늘 새롭게 그분을 신뢰하십시오. "오 나의 주님, 제 손을 잡으시고 저를 인도하여 주옵소서. 저는 예수님을, 당신 안에 계신 아버지 하나님을 신뢰합니다." 이 사실을 굳게 믿으십시오. 그분이 당신을 인도해 주시며, 이 일을 반드시 이루실 것입니다.

5. 먼저 그의 나라를 구하라!

너희는 먼저 그의 나라와 그의 의를 구하라(마 6:33).

그리스도인의 삶과 일에 통일성이 있어야 한다는 말을 들어왔을 것입니다. 그러면 교회의 삶, 즉 신자들 각각의 삶과 일반 세상에서 행하는 일을 서로 조화롭게 맺어주는 끈은 어디에 있을까요? 이러한 통일성을 보여주는 교훈 가운데 하나가 바로 "너희는 먼저 그의 나라와 그의 의를 구하라"는 구절입니다. 이 말씀은 많은 사람들이 생각하는 것처럼, "구원을 구하라. 그의 나라에 들어가기를 구하라. 그리고 나서 하나님께 감사하고 그곳에서 안식을 취하라"는 의미가 아닙니다. 이 구절의 의미는 전혀 다르고 훨씬 더 광범위합니다. 그 의미는 다음과 같습니다. "하나님 나라, 그것의 모든 깊이와 넓이, 그것의 모든 영광과 능력을 너희의 삶의 유일한 목표로 삼아라. 그러면 다른 모든 것을 너희에게 더하여 줄 것이다. '너희는 먼저 그의 나라를 구하라.'"

■ ■ ■ 먼저 그의 나라를 구해야 하는 이유

그러면 이제 간단한 다음 두 질문의 대답을 생각해 보겠습니다. 첫째로, "왜 하나님의 나라를 첫자리에 놓아야 하는가?"와 둘째로, "이것을 어떻게 얻을 수 있는가?"입니다. 먼저, 왜 하나님의 나라를 첫자리에 놓아야 하는가의 문제를 생각해 봅시다. 하나님은 우리를 이성을 가진 존재로 만드셨습니다. 따라서 타당하고 전적으로 필요한 어떤 일과 맞닥뜨리게 되었을 때, 자연의 법칙에 따라 그리고 사물 본래의 합목적성에 따라 그것을 명쾌하게 판단할 수 있으면 있을수록, 인간이 이성적 존재라는 사실을 더욱더 기꺼이 받아들이고 추구할 수 있을 것입니다. 이 사실을 기억하고, 그리스도가 왜 "너희는 먼저 그의 나라를 구하라"고 말씀하셨는지 살펴봅시다. 그 이유를 알려면, 우선 하나님과 사람을 바로 알아야 합니다.

하나님은 누구십니까? 하나님은 참으로 위대한 분이십니다. 세계가 오직 그분만을 위해 존재하고 오직 그분 안에서만 행복을 찾을 수 있습니다. 만물이 그분에게서 나왔습니다. 만물은 그분과 떨어져서 안식하거나 기뻐할 수 없습니다. 그리스도인들은 하나님이 행복의 근원, 곧 완전하고 영원한 복의 근원이시라는 사실을 알고 있고 믿고 있습니다! 그리하여 모든 그리스도인들은 이렇게 고백하게 됩니다. "하나님께 대해 깨닫는 바가 많으면 많을수록, 나는 더욱더 행복해질 것입니다. 하나님의 뜻, 그분의 사랑, 그리고 그분의 사귐에 대해 깨닫는 바가 많으면 많을수록, 나는 더욱더 행복해질 것입니다." 그리스도인들이 전심으로 이 사실을 믿는다면, 그들은 자기들과 하나님의 사이를 갈라놓는 모든 일들을 아주 손쉽게 포기할 수 있을 것입니다.

우리가 하나님과 사귐을 갖는 데 그토록 어려움을 겪는 이유는 무엇입니까? 언젠가 한 젊은 목사님이 제게 이런 질문을 한 적이 있었습니다. "저는 기도보다 연구에 훨씬 더 큰 관심이 쏠립니다. 왜 그럴까요? 하나님과 사귐을 갖는 데 필요한 기술을 제게 가르쳐 주십시오." 저는 이렇게 대답했습니다. "목사님, 하나님이 어떤 분이신가를 바르게 이해하기만 한다면, 그분과 사귀는 데 필요한 기술은 저절로 생깁니다. 그리고 큰 기쁨이 찾아올 것입니다."

하나님이 그분을 찾는 자들에게 유일한 기쁨이 되시며 무한한 복의 근원이 되신다는 사실을 믿기만 하면, 그분을 위해 모든 것을 포기하는 일이 얼마나 쉽겠습니까! 그 기쁨은 세상의 어떤 것보다 훨씬 더 매력적이지 않습니까? 마음속에 이 기쁨이 있지 않습니까? 하나님이 기쁨, 즉 유쾌함의 근원이시며 복을 주시는 능력의 근원이시라는 사실을 믿기만 한다면, 우리가 다른 모든 일을 차치하고 "오, 아름답고 놀라우신 하나님! 당신만이 나의 기쁨이십니다" 하고 고백하기가 얼마나 쉽겠습니까! 그러나 애석하게도 많은 사람들이 하나님의 나라를 짐이나 부담스러운 것으로 생각하고 있습니다. 하나님의 나라를 일종의 스트레스로 생각합니다. 그래서 우리는 세상에서 스트레스를 해소할 오락이나 휴식을 찾습니다. 하나님의 나라가 우리의 주된 기쁨이 아닌 것입니다. 그런 분들에게 저는 복된 메시지를 전하려 합니다. 먼저 하나님의 나라를 구하십시오. 하나님은 무한한 사랑이시고 무한한 복이십니다. 그리스도의 말씀을 듣고서 다른 무엇보다 먼저 하나님과 그의 나라를 구하는 것은 우리의 가장 고귀한 특권입니다.

■■■ 하나님을 따라 창조된 인간의 본성

이제 인간의 본성을 살펴볼 순서입니다. 인간은 무엇을 위해 창조되었습니까? 인간은 하나님의 모양과 형상대로 살기 위해 창조되었습니다. 하나님의 모양과 형상대로 창조되었다면, 우리는 하나님이 친히 자신의 행복을 찾으시는 것 이외의 다른 무엇에서도 우리의 행복을 찾을 수 없습니다. 하나님을 닮으면 닮을수록, 우리는 더욱더 행복해질 것입니다. 그러면 하나님은 어디에서 행복을 찾으십니까? 다음 두 가지에서 찾으십니다. 영원한 의(義)와 영원한 은혜입니다. 하나님은 영원한 의이십니다. "하나님은 빛이시라 그에게는 어둠이 조금도 없으시다"(요일 1:5). 하나님의 나라, 그분의 통치, 그리고 그분의 다스림은 우리에게 오직 의만을 가져올 뿐입니다.

"너희는 먼저 그의 나라와 그의 의를 구하라." 사람들이 죄가 무엇인지를 정말로 알고 있다면, 그리고 죄에서 벗어나기를 진실로 열망한다면, 이것은 얼마나 위대한 메시지이겠습니까! 예수님은 우리를 하나님과 하나님의 의로 인도하시기 위해 오셨습니다. 우리는 하나님의 완전한 의와 거룩하심을 닮도록 창조되었습니다. 이 얼마나 전도유망(前途有望)한 일입니까!

우리는 또한 하나님의 사랑을 닮아야 합니다. 하나님의 나라는 바로 이것입니다. 즉 하나님 안에는 넘치는 사랑의 통치가 있습니다. 하나님은 사랑하시고 또 사랑하십니다. 그분은 끊임없이 사랑하십니다. 그리고 자기의 소원에 순종하는 자들에게 복을 주고 싶어하십니다. 하나님은 빛이시고 사랑이십니다. 그리고 그것을 우리에게 알려 주셨습니다. 이보다 더 고귀한 가치를 생각할 수 있습니까? 하나님이 취하신 입장을 그대로 취하는 것, 그리고 하나님의 나라에서 그분과 함께 거하는 것보다 더 위대한 일을 생각할 수 있습니까?

형제 자매여, 우리는 여기저기에서 하나님 나라의 복을 얻으려고 애쓸 필요가 조금도 없다는 사실을 기억해야 합니다. 하나님 나라의 영광은 바로 하나님께 있습니다. 프랑스의 황제 나폴레옹은 생전에 군사적인 영광을 최고의 이상으로 삼았습니다. 당시 프랑스 국민들은 제국에 영광을 가져다준 나폴레옹의 이름만 들어도 감격하여 몸을 떨었습니다. 하나님이 우리를 소유해 주셨다는 사실이 무엇을 의미하는지를 바로 깨닫기만 한다면, 이것처럼 우리의 마음을 열광시킬 수 있는 것도 없을 것입니다.

인간을 생각해 봅시다. 여기서 인간의 죄와 비참함에 대해서 언급하지 않을 것입니다. 그리고 인간이 도처에서 기쁨, 안식, 그리고 죄로부터 구원을 추구하고 있다는 사실도 말하지 않을 것입니다. 단지 창조 받을 때의 인간은 어떤 존재였으며, 구속 받을 때의 인간은 어떤 존재인지 생각해 보십시오. 그런 후 진정으로 이렇게 고백합시다. "하나님 나라의 복이나 영광에 비길 것은 아무것도 없습니다. 나의 모든 삶과 존재의 첫자리에 하나님의 나라를 놓습니다."

■ ■ ■ 하나님의 나라를 첫자리로 놓는 방법

다음으로 여기서 중요한 사안, "나는 이것을 어떻게 얻을 수 있는가?"라는 문제로 들어가 봅시다. 하나님의 나라를 어떻게 최우선시 할 수 있을까 하는 문제이지요. 세계 도처의 수많은 그리스도인들이 이 문제로 고민하고 있습니다. 그리스도인들이 이 문제의 해답을 발견하는 데 그토록 어려움을 겪는다는 사실과 그들이 해답을 도무지 찾지 못한다는 사실, 그리고 그 해답이 주어졌을 때 그것을 이해하지 못하는 그리스도인들도 있다는 사실은 참으로 기이합니다. 옛날 로마의 백부장은 황제에게 충성을 서약하면서 그날로 자기의 직위와 관련된 모든 권세 및 영광과 더불어 군대에 꼼짝없이 귀속되었습니다.

사랑하는 친구여, 하나님의 나라가 매일 자연스럽게 첫자리를 차지할 만큼 그렇게 열정적으로 그의 나라를 바라고 그의 나라로 가득 차는 복된 자리에 이르려면 어떻게 해야겠습니까? 하나님의 나라를 위해 모든 것을 포기해야 한다는 것이 그 해답입니다. 로마인들은 군인이 되기 위해 자기의 정신과 감정과 생명, 즉 자기의 모든 것을 포기했습니다. 또 우리는 고대와 근대의 역사에서, 군인도 아닌 민간인들이 왕이나 국가를 위해 자기들의 생명을 아낌없이 희생 제물로 바친 사실을 자주 들어왔습니다. 남아프리카 공화국에서 일어났던 자유의 전쟁에 대해 들어본 적이 있습니까? 영국의 압제 아래 3년을 보냈던 남아프리카 국민들은 이러한 치욕을 더 이상 참아서는 안 되겠다고 생각하며 자유를 위해 서로의 힘을 모았습니다. 그들은 영국인의 힘에 비해 자기들이 얼마나 약한지를 알고 있었습니다. 하지만 그들은 반드시 자유를 쟁취해야 한다고 다짐했습니다. 그리고 자유를 위해 싸울 것을 서로 맹세했습니다. 서약을 마친 그들은 싸움을 준비하기 위해 집으로 갔습니다. 독립에 대한 간절한 열정과 소망이 온 나라를 흔들었습니다. 많은 부인들이 전쟁에 참여하지 않아도 된다고 허락받은 남편들에게 "아니요, 징집 명령이 떨어지지 않았어도 싸우러 가세요" 하고 독려했습니다. 한아들만 전선에 소집된 어머니들은 "아니요, 아들이 더 있으니 두 명, 세명도 데려가세요" 하고 말했습니다. 모든 남녀가 나라를 위해 죽을 준비가 되어 있었습니다. 이 사건은 실로 "무엇보다 먼저 우리나라를!"의 기치를 보여준 전형이었습니다.

아름다운 하나님의 나라를 얻고 싶다면, 당신도 이렇게 해야 합니다. 저는 당신이 하나님의 은혜로 말미암아 그의 나라를 위해 모든 것을 포기하기를 바랍니다. 처음에는 그것이 무엇을 의미하는지를 모를 수도 있습니다. 그러나 "하나님의 나라를 위해 무엇이든지 전부 포기합니다"라는 말을 받아들이고 하나님의 발아래 엎드려 그와 같이 고백하십시오. 그리고 이러한 태도를 고수하십시오. 그러면 성령님으로 말미암아 하나님이 당신에게 갑절의 복을 내려 주실 것입니다. 하나님의 나라가 마음에 가득 임하게 되는 복과 하나님께 순종하고 그분을 위해 모든 것을 희생하며 포기하게 되는 복을 누리게 될 것입니다.

▪▫▫ 포기할 때 이뤄지는 하나님의 나라

"먼저 하나님의 나라!" 이러한 복된 삶에 이르기 위해 우리는 어떻게 해야 합니까? 그 대답은 "그것을 위해 모든 것을 포기해야 한다"

는 것입니다. 그런 후 다음 두 번째 대답이 이어집니다. "나는 이러한 태도를 계속 유지하기를 바라는 겸손한 심정으로 인생의 매순간을 살아야 한다." 본문의 말씀을 듣고 이것이 진리라고 말하며 여기에 순종하고 싶다고 고백하는 사람들이 있습니다. 그러나 그들에게 하나님과 매일 교제를 나누는 데 얼마나 많은 시간을 들이느냐고 묻는다면, 당신은 그들이 그분께 얼마나 적은 시간을 할애하고 있는지 듣고 크게 실망하게 될 것입니다. 하지만 그들은 신령한 삶의 복이 왜 사라지는지 깨닫지 못합니다. 우리는 어떤 일에 가치를 부여하는 만큼 시간을 투자합니다. 하나님의 나라를 매일 매순간 첫자리에 놓아야 합니다. 매일 아침 그의 나라를 첫자리에 놓으십시오. 하나님과 함께 하루를 시작하십시오. 그러면 하나님이 그의 나라를 당신의 마음속에 지속시켜 주실 것입니다. 부디 이것을 믿으시기 바랍니다.

로마는 국가에 자신을 바치는 사람의 권위를 지켜주기 위해 전력을 다했습니다. 하나님께 순종한다면, 살아 계신 하나님도 당신의 마음속에 그 권위를 계속 유지시켜 주시지 않겠습니까? 하나님은 분명히 그렇게 하십니다. 그분께 가십시오. 예수 그리스도를 통한 사귐 속에서 그분께 자신을 바치십시오. 하루 종일 하나님과 이러한 사귐을 가지십시오. 어떤 사람은 먼저 하나님의 나라를 구하지 않습니다. 그는 때로 마음이 풀려서 그 나라를 떨쳐버리고 대신 이 세상에서 자기의 기쁨을 추구합니다. 사람들은 이러한 삶이 지나치게 숨 막히고 너무 부담스러울 거라는 생각을 은근히 품고 있습니다. 사람들은 아침부터 저녁까지 매일 매순간 하나님의 나라를 먼저 구하는 일이 너무 힘겹다고 생각합니다. 그러나 이렇게 생각하는 것은 얼마나 큰 잘못인지요! 하나님의 사랑의 임재는 매순간 우리에게 가장 큰 기쁨임에 틀림없습니다. 그러므로 항상 "하나님의 도우심으로 언제나 하나님의 나라를 먼저 구할 것입니다"라고 말해야 합니다.

▪▪▪ 성령으로 충만할 때 이뤄지는 하나님의 나라

"하나님의 나라를 어떻게 우리 인생에 첫자리로 놓을 수 있는가?" 하는 질문의 마지막 대답은 이것입니다. 즉, 그것은 오직 성령님의 능력으로만 가능하다는 것입니다. 하나님이 우리에게 "성령으로 충만하라"고 권고하신 말씀을 기억하십시오. 성령님으로 충만하는 것에 전적으로 그리고 완전히 헌신하지 않음으로 말미암아 하나님이 주신 분량보다 부족하게 성령님을 받아들이는 데 만족한다면, 당신은 이 명령을 거스리고 있는 것입니다. 그러나 들어보십시오. 하나님은 놀라운 일을 준비해 오셨습니다. 예수 그리스도가 이 땅에 오셔서 하나님 나라의 복음을 전파하시고 "천국이 가까웠느니라"고 공포하셨습니다. 예수님이 "여기 서 있는 사람 중에는 죽기 전에 하나님의 나라가 권능으로 임하는 것을 볼 자들도 있느니라"(막 9:1)고 말씀하셨습니다. 그리고 제자들에게 "하나님의 나라는 너희 안에 있느니라"(눅 17:21)고 말씀하셨습니다. 그러면 이러한 하나님의 나라는 언제 지상에 임했습니까? 성령님이 오셨을 때 임했습니다. 예수님이 승천하시던 바로 그날, 우리의 왕은 하나님의 오른편 보좌에 앉으셨습니다. 그리고 그리스도 안에서 하나님의 나라, 지상의 천국이 건국되었습니다.

성령님이 강림하셔서 하나님과 그리스도를 우리의 마음 가운데 세우시고 능력으로 하나님의 통치를 이루셨습니다. 저는 우리가 성령님을 언급할 때 한 가지 중요한 사실을 잊어버리는 데 두려움을 느낍니다. 우리는 성령님을 능력과 관련하여 많이 말합니다. 능력을 구하는 것은 옳은 일입니다. 하지만 우리는 성령님을 은혜와 관련해서는 별로 말하지 않습니다. 그러나 은혜는 언제나 능력의 은사보다 더 중요합니다. 거룩함, 겸손함, 온유함, 자비함, 그리고 사랑은 하나님 나라의 참된 특성입니다. 이 모든 것을 우리 안에 불어넣어 주실 수 있는 유일한 분이 바로 성령님이십니다.

▪▪▪ 성령님 안에 오시는 성부 성자

그런데 저는 성령님과 관련하여 이보다 더 중요한 세 번째 사실이 있다고 믿습니다. 그것은 성령님 안에서 성부와 성자가 오신다는 사실입니다. 그리스도는 먼저 성령님을 약속해 주셨고 그분이 곧 오실 거라고 말씀하시면서 이렇게 가르치셨습니다. "그날에는 내가 아버지 안에, 너희가 내 안에, 내가 너희 안에 있는 것을 너희가 알리라 나의 계명을 지키는 자라야 나를 사랑하는 자니 나를 사랑하는 자는 내 아버지께 사랑을 받을 것이요 … 내 아버지께서 그를 사랑하실 것이요 우리가 그에게 가서 거처를 그와 함께하리라"(요 14:20, 21, 23).

형제여, 당신의 삶에서 하나님의 나라를 품어야 합니다. 나는 일반적으로 나를 얽어매는 일에 마음을 쏟습니다. 하지만 그 끈이 느슨해지는 즉시 나는 스스로의 욕망과 사랑의 대상으로 달음박질합니다. 이와 같이 하나님의 나라도 우리 안에 있어야 합니다. 그리고 그럴 때에만 "먼저 하나님의 나라를"이라고 말하기 쉽습니다. 또한 우리는 하나님의 나라를 소유하기 위해, 우리 안에 계신 성령님으로 말미암아, 성부 하나님과 성자 그리스도를 마음에 모셔야 합니다. 왕이 없는 나라는 없기 때문입니다.

우리는 그리스도를 닮도록 부르심을 받았습니다. 그러나 얼마나 많은 그리스도인들이 그리스도의 이런저런 면을 본받으려 애쓰면서도, 이 모든 것의 뿌리는 잊고 있는지요! 이 모든 것의 뿌리는 무엇입니까? 그것은 그리스도가 자기 자신을 하나님께, 그의 나라와 그의 영광에 완전히 바치셨다는 사실입니다. 그리스도는 하나님의 나라를 세우기 위해 당신의 삶을 바치셨습니다. 당신이 매순간 하나님께 자신의 삶을 산 제사로 바친다면, 하나님의 나라가 당신 마음속에 능력으로 임할 것이고, 하나님의 임재와 통치가 능력으로 나타날 것입니다.

고린도전서의 놀라운 가르침, 영원한 세계에서 이루어질 그 놀라운 사건을 생각해 보십시오. 하나님은 그리스도에게 그의 나라를 맡기셨습니다. 하지만 그리스도가 다시 오셔서 아버지 하나님께 복종하시고 아버지 하나님이 만유의 주로서 만유 안에 계실 수 있도록 그 나라를 아버지 하나님께 바치는 날이 올 것입니다. 그날 그리스도는 만유 앞에서 "이것이 나의 영광이다. 나는 아버지께 이 나라를 바친다!"라고 말씀하실 것입니다.

그리스도인이여, 그리스도는 지상에 계실 때에 하나님의 나라를 위해 죽으시고 희생하면서 자기의 영광을 찾으셨고, 다시 훗날 이 나라를 하나님께 바치는 데서 자기의 영광을 찾으실 것입니다. 그렇다면 당신과 나도 이와 같이 행하며 하나님의 나라가 나타나고 하나님만 영광을 받으실 수 있도록 우리 모든 소유를 오히려 손해로 여겨야 하지 않겠습니까?

6. 우리의 생명이신 그리스도

우리 생명이신 그리스도(골 3:4).

모든 신자는 이런 생각을 품고 있습니다. "어떻게 해야 하나님 안에서 온전한 믿음의 삶을 살 수 있을까?" 이 질문에 대한 답을 알고 있는 사람은 그리 많지 않습니다. 올바르고 충분한 해답은 바로 "그리스도가 내 안에서 그러한 삶을 사셔야 한다"는 것입니다. 그리스도가 사람으로 오신 목적은 하나님 안에서 믿음의 삶을 사시고, 이를 통해 우리에게 어떻게 살아야 하는지를 보여주시기 위해서였습니다. 지상에서 이 일을 다 행하신 후, 그리스도는 우리에게 보여주신 것보다 더 많은 것을 행하시기 위해, 즉 이러한 믿음의 삶을 우리에게 주시고 우리 안에서 이러한 삶을 사시기 위해 천국으로 가셨습니다.

그리스도의 삶이 무엇인지를 이해하고 어떻게 해야 그분의 삶이 우리의 삶이 되는지를 깨닫게 될 때, 비로소 우리는 그분이 친히 우리 안에서 믿음의 삶을 사시기를 소망하고 우리도 또한 그분께 그러한 삶을 구할 수 있는 준비가 되는 것입니다. 그리고 믿음의 삶이 무엇인지를 먼저 알아야, 예수님이 어떻게 그러한 삶을 실질적으로 소유하고 계시며 우리를 그분처럼 변화시켜 주실 수 있는지 이해하게 될 것입니다.

■ ■ ■ 그리스도의 생애

저는 첫 번째 질문에 특별한 관심을 품고 있습니다. 그리스도가 우리를 위해 무엇을 하셨는지, 그리고 우리가 그분으로부터 무엇을 기대할 수 있는지 깨달을 수 있도록, 저는 당신 앞에 그리스도의 생애를 그분이 사셨을 때처럼 펼쳐 보이고 싶습니다. 예수 그리스도는 우리가 본받기를 바라는 그러한 지상의 삶을 사셨습니다. 우리는 자주 그리스도처럼 되고 싶다고 말합니다. 우리는 그분의 속성을 연구하고 그분의 발자취를 면밀히 검토하며 그분처럼 되는 은혜를 달라고 기도합니다. 그러나 웬일인지 우리가 이루는 바는 극히 미미합니다. 왜 그렇습니까? 그 이유는 뿌리가 없는 데서 열매를 따려 했기 때문입니다. 그리스도를 본받는다는 말의 의미를 진정으로 알고 싶다면, 우리는 하나님 앞에서 그분의 삶의 뿌리로 가야 합니다. 그것은 절대적인 의존, 절대적인 신뢰, 그리고 절대적인 순종의 삶이었습니다. 그리스도와 함께 그분이 사신 삶의 원칙을 따르기 전까지, 여기저기에서 그러한 삶의 은혜들을 모방하려는 시도는 헛될 것입니다.

복음서에는 특별한 중요성을 지닌 다음 다섯 가지 사실들이 나옵니다. 그리스도의 탄생, 지상에서의 삶, 죽음, 부활, 그리고 승천입니다. 우리는 옛 저자가 무엇을 '예수 그리스도의 과정'(the process of Jesus Christ), 다시 말해 영화로우신 우리의 왕이시며 생명이신 현재의 그분을 가능케 한 과정이라고 말했는지 알고 있습니다. 이러한 삶의 모든 과정 속에서 우리는 그분처럼 되어야 합니다.

먼저 첫 번째 과정부터 살펴봅시다. 그리스도의 탄생은 어떠했습니까? 그분은 하나님으로부터 생명을 받으셨습니다. 지상에서의 삶은 어떠했습니까? 예수님은 하나님께 의존하는 삶을 사셨습니다. 또 예수님의 죽음은 어떠했습니까? 그분은 자기의 생명을 하나님께 바치셨습니다. 예수님의 부활은 어떠했습니까? 그분은 하나님으로 인해 죽음에서 일어나셨습니다. 마지막으로 예수님의 승천은 어떠했습니까? 그분은 하나님과 함께 영광의 삶을 살고 계십니다. 그러면 이 다섯 과정을 차례로 자세하게 살펴보겠습니다.

■ ■ □ 그리스도의 탄생

먼저 예수님의 탄생을 봅시다. 그분은 하나님으로부터 생명을 받으셨습니다. 이 사실을 먼저 인식해야 하는 이유는, 여기가 그리스도의 삶 전체의 출발점이기 때문입니다. 예수님은 이렇게 말씀하셨습니다. "아버지가 나를 보내셨다." "아버지가 아들에게 만물을 주셨다." "아버지가 아들에게 자기 안에 있는 생명을 주셨다." 하나님이 자기 안에 생명을 가지신 것과 같이, 그리스도는 이 생명을 자기의 것으로 받으셨습니다. 그러나 이 생명은 줄곧 하나님이 주신 생명이요 하나님께로부터 받은 생명이었습니다. "전능하신 아버지가 이 생명을 땅에 있는 인자(the Son of man), 곧 내게 주셨기 때문에, 나는 그분께 이것을 내내 유지시켜 주시고 공급해 주시기를 바랄 수 있다." 바로 이것이 우리에게 필요한 첫 번째 교훈입니다. 영원하신 하나님이 그분으로 말미암지 않고는 존재할 수 없는 신령한 생명을 우리 안에 주셨다는 이 놀라운 사실을 깊이 깨달을 때까지, 우리는 그것을 계속 묵상하고 기도하고 생각하며 하나님 앞에서 잠잠히 기다려야 할 것입니다.

저는 하나님이 자신의 생명을 주셨다는 사실과 따라서 이것이 그분에게 뿌리를 두고 있고 그분에 의해 유지되어야 한다는 사실을 믿고 있습니다. 우리는 하나님이 지금 우리가 소유하고 있는 이 생명, 즉 신령한 생명을 주셨으므로 마땅히 여기에 책임을 지셔야 한다고 생각합니다. 그러나 한편으로는 이것을 우리 스스로 바르게 유지시킬 수 없으므로 불만스러워합니다. 당연한 사실입니다. 우리는 먼저 예수님처럼 사는 법을 배워야 합니다.

우리는 흙으로 빚은 그릇 속에 하나님이 내려 주신 보화를 담고 있습니다. 우리는 그리스도의 얼굴에서 하나님의 영광의 빛을 봅니다. 우리는 하나님이 주신 생명, 곧 하나님의 아들의 생명을 우리 안에 간직하고 있습니다. 그리고 이 생명은 하나님과 교제를 나누며 살 때, 오직 그분에 의해서만 유지될 수 있습니다.

로마서에서 사도 바울은 우리에게 스스로를 죄에 대하여는 죽은 자요 그리스도 예수 안에서 하나님을 대하여는 산 자로 여기라고 가르쳤습니다. 그리고 계속 이렇게 교훈했습니다. "또한 … 너희 자신을 죽은 자 가운데서 다시 살아난 자같이 하나님께 드리며"(롬 6:13). 그리스도인은 얼마나 자주 스스로 죄에 대하여는 죽은 자요 그리스도 안에서 하나님께 대하여는 산 자로 여겨야 한다는 엄숙한 가르침을 듣는지요! 그러나 그는 어떻게 해야 할지 모릅니다. 당장 "이러한 죽음과 이러한 삶을 어떻게 지켜나가야 하는가?"라는 해결하기 어려운 문제에 부닥칩니다. 바울의 가르침에 귀를 기울이십시오. 우리가 스스로 죄에 대하여는 죽은 자요, 하나님께 대하여는 산 자로 여기는 바로 그 순간, 이 생명을 가지고 하나님 앞에 나아가 우리 자신을 죽은 자 가운데서 다시 살아난 자같이 하나님께 드리며 이렇게 기도합시다. "주님, 당신이 제게 이 생명을 주셨습니다. 오직 주님만 이것을 지켜주실 수 있습니다. 저는 제가 가지고 있는 것을 거의 알지 못합니다. 하지만 주님이 시작하신 일을 온전히 이루시기를 바라며 주님께 나왔습니다." 그리스도처럼 살기 위해, 우리는 우리의 생명이 하나님께로부터 왔으며 오직 그분만 이것을 유지시켜 주실 수 있다는 사실을 매순간 기억해야 합니다.

■ ■ ■ 그리스도의 지상에서의 삶

두 번째로 유념해야 할 사실은 그리스도의 지상에서의 삶입니다. 그리스도는 이 땅에서 33년 동안 어떠한 삶을 사셨습니까? 하나님을 의지하는 삶을 사셨습니다. 예수님은 자주 이렇게 말씀하셨습니다. "아들이 아버지께서 하시는 일을 보지 않고는 아무것도 스스로 할 수 없나니"(요 5:19). "내가 너희에게 이르는 말은 스스로 하는 것이 아니라"(14:10). 예수님은 끊임없이 아버지의 교훈과 명령과 인도를 기다리셨습니다. 그분은 아버지께 능력을 구했습니다. 무슨 일이든지 아버지의 이름으로 했습니다. 하나님의 아들이신 예수님은 꾸준히 기도를 많이 해야 한다는 사실과 기도를 통해 하나님과 교제를 나누는 삶을 지속해야 한다는 사실을 깊이 깨달으셨습니다.

예수님이 얼마나 하나님을 의뢰하며 살았는지 우리 모두 알고 있습니다. 이것은 가장 복된 삶의 전형입니다! 우리 또한 "아, 이것이 바로 내가 원하는 것이야"라고 말합니다. 하지만 하나님을 의뢰하는 삶의 비밀, 곧 그리스도 안에서 하나님이 이 모든 것을 우리 안에 이루어 주셔야 한다는 사실은 잊어버립니다. 우리는 믿음의 대상이신 하나님이 필요할 뿐만 아니라, 믿음의 능력이 되시는 그리스도를 마음에 모셔야 합니다. 그리스도가 우리 안에서 그분의 믿음의 삶을 사셔야 합니다.

하나님의 사랑하는 종이요 사도로 섬긴 바울의 생애를 주목해 주십시오. 바울은 자만에 빠질 위험이 있었습니다. 그래서 하나님은 바울이 스스로를 신뢰하지 않고 오직 하나님만을 의지할 수 있도록, 아시아에서 모진 고초를 겪게 하시고 그의 마음을 낮추셨습니다. 하나님은 당신의 종이 믿음을 계속 유지할 수 있도록 권고해 주셨습니다. 고린도후서 12장을 보면 바울에게 있는 육체의 가시에 관한 내용이 나옵니다. 바울은 자고(自高)할 위험이 많은 사람이었습니다. 그래서 복되신 주님은 그를 낮추시고, "내가 너를 약하게 하여 네가 스스로를 신뢰하지 않고 오직 나만을 의지하게 할 것이다"라고 말씀하셨습니다. 믿음의 안식에 들어가 그곳에 거하고자 한다면, 그리고 가나안 땅으로 들어가 승리의 삶을 살고자 한다면, 우리는 바로 여기에서부터 시작해야 합니다. 모든 자만을 꺾고 그리스도처럼 하나님만을 전적으로 그리고 끊임없이 의뢰하는 법을 배워야 합니다.

하나님을 의뢰하는 삶 속에는 우리가 알고 있는 것보다 더 큰 일이 숨어 있습니다. 먼저 자아가 깨어져야 하고, 습관적으로 끊임없이

"나는 아무것도 아니며 하나님만이 전부이십니다. 하나님이 제게 주신 생명을 유지시켜 주시지 않는다면, 저는 단 한순간도 마땅히 행해야 하는 바대로 행할 수가 없습니다"라고 고백해야 합니다. 하나님이 "내 아들 딸아, 그리스도가 너를 위해 이 모든 일을 다 이루었다. 네가 나를 신뢰할 수 있는 새로운 본성을 그리스도가 만들었다. 그리고 하늘에 있는 그리스도가 네 안에 거하면서 이러한 믿음의 삶을 살 수 있도록 너에게 능력을 줄 것이다"라고 선포하실 때, 우리의 모든 의문과 고민은 하나님의 이 말씀으로 말미암아 얼마나 복되게 해결되겠습니까?

바로 이것이 바울이 "우리가 그리스도로 말미암아 하나님을 향하여 갖는 이 같은 확신이 있으니"(고후 3:4)라고 말한 이유입니다. 이 말씀이 뜻하는 바는 무엇입니까? 단지 중재자이신 혹은 중보자이신 그리스도로 말미암는다는 뜻입니까? 물론 아닙니다. 이 말씀은 훨씬 더 풍성한 의미를 내포하고 있습니다. 우리 안에 계시면서 자신이 하나님을 신뢰하는 것처럼 우리가 하나님을 신뢰할 수 있도록 우리에게 능력을 주시는 그리스도로 인해 가능하다는 뜻입니다.

■■□ 그리스도의 죽음

세 번째 과정은 그리스도의 죽음입니다. 그리스도의 죽음은 그분과 하늘에 계신 아버지와의 관계에 대해 우리에게 무엇을 가르쳐 주고 있습니까? 그리스도의 죽음은 그리스도의 생애가 주는 가장 심오하고 엄숙한 교훈 가운데 한 부분, 그러면서도 그리스도의 교회가 너무도 부족하게 이해하고 있는 교훈 하나를 보여 주고 있습니다. 우리는 그리스도의 죽음이 구속을 의미한다고 알고 있습니다. 우리를 구속하시기 위해 행하신 복된 대속과 피 흘림을 강조하지 않을 수 없습니다. 그러나 동시에 구속의 역사가 그리스도의 죽음이 갖는 의미의 절반밖에 나타내고 있지 않음도 기억해야 합니다.

또 다른 절반의 의미는 바로 그리스도가 나를 위해 돌아가신 나의 대속자셨던 것과 같이, 그리스도는 그분 안에서 그리고 그분과 함께 내가 죽어야 하는 바로 나의 대표자시라는 것입니다. 뿐만 아니라 그분은 나를 위해 중보의 삶을 살고 계시며, 또한 자신의 삶을 전해 주시고 온전히 이뤄 주시기 위해 내 안에서 살고 계십니다. 그리고 그리스도가 내 안에서 살고자 하는 삶이 무엇인지 알고 싶다면, 먼저 그분의 죽음을 바라보아야 합니다. 예수님은 죽음으로써, 자신이 보유하고 있을 뿐만 아니라 하나님을 위해 쓰실 수 있는 그러한 삶을 소유하고 계시다는 사실을 입증하셨습니다. 예수님은 한순간의 예외도 없이, 언제 어디서나 하나님을 위해 사셨습니다.

그러므로 온전한 믿음의 삶을 살려는 사람은 누구든지, 그리스도의 삶의 온전한 순종과 그분의 죽음의 의지까지도 품어야 합니다. 그는 기쁜 마음으로 예수님과 모든 길을 함께 걸어야 하며, 갈보리에도 함께 가야 합니다. 예수님은 열두 살 때 "내가 내 아버지 집에 있어야(일에 관계해야) 될 줄을 알지 못하셨나이까"(눅 2:49)라고 말씀하셨고, 세례를 받으시러 요단 강으로 나오셨을 때에는 "우리가 이와 같이 하여 모든 의를 이루는 것이 합당하니라"(마 3:15)고 말씀하셨습니다. 그분은 또한 온 생애를 통해 끊임없이 "나의 양식은 나를 보내신 이의 뜻을 행하며 그의 일을 온전히 이루는 이것이니라"(요 4:34)고 말씀하셨습니다. "내가 하늘에서 내려온 것은 내 뜻을 행하려 함이 아니요 나를 보내신 이의 뜻을 행하려 함이니라"(6:38)고 말씀하셨습니다. "보시옵소서 내가 하나님의 뜻을 행하러 왔나이다"(히 10:9)라고 말씀하셨습니다. 그리고 겟세마네 동산에서 번민하실 때에도 그분은 변함없이 "나의 원대로 마시옵고 아버지의 원대로 하옵소서"(막 14:36)라고 기도하셨습니다.

어떤 사람은 "나는 온전한 믿음의 삶을 살기를 진심으로 소원합니다. 나는 그리스도가 내 안에서 그러한 삶을 사시기를 원합니다. 나는 그리스도가 영원히 내 안에 거하실 거라는 확신이 설 만큼 그리스도에 대한 이해가 깊어지기를 열망합니다. 나는 그리스도, 나의 여호수아가 승리의 땅에서 나를 지켜 주실 것이라는 분명한 확신을 갖게 되기를 바랍니다"라고 말합니다. 그런 삶을 살기 위해 필요한 것은 무엇입니까? 나는 거짓 그리스도, 상상의 그리스도, 반쪽 그리스도를 받아들이지 않도록 주의하라고 말하고 싶습니다. 그렇다면 온전한 그리스도란 어떤 분입니까? 바로 "나는 오직 하나님만 영광을 받으시도록 모든 것을 죽음에 바쳤다. 나는 어떤 의향도 어떤 바람도 가지고 있지 않다. 나는 단 한순간도 하나님의 영광에 위배되는 일을 하지 않을 것이다"라고 말하신 분입니다.

그러면 이렇게 묻는 분이 있을 것입니다. "어떤 그리스도인이 이렇게 살 수 있습니까?" 그러나 이것은 올바른 질문이 아닙니다. 오히려 이렇게 물어야 합니다. "그리스도는 내 안에서 이러한 삶을 살겠다고 약속하셨습니까?" 그분의 모든 것을 받아들이십시오. 그리고 예수님이 당신을 어디까지 인도하실 수 있는지 그리고 그분이 당신 안에서 무엇을 행하실 수 있는지 가르쳐 주시도록 마음의 문을 여십시오. 실패의 조건을 붙이지 마십시오. 오직 당신에게 나눠 줄 새로운 본성, 당신을 예수님처럼 만들어 줄 그 본성을 준비하시려고 하나님께 온전히 순종하는 삶을 사셨던 그리스도께 전부를 맡기고 자신을 포기하십시오. 그러면 예수님이 우리를 위해 하실 수 있는 일들을 우리가 체험하고 소유하는 복된 상태로 인도함을 받게 될 것입니다.

예수 그리스도는 하늘에 계신 아버지로부터 생명을 버리라는 명령을 받고 이 땅에 오셨습니다. 그분은 온 생애에 걸쳐 이 한 가지 생각을 가슴에 품고 사셨습니다. 신자라면 누구나 같은 생각을 명심하며 살아야 합니다. 다음과 같은 생각입니다. "나는 그리스도와 함께 죽었습니다. 나는 하나님이 순간순간 내 안에서 그분의 목적과 영광을 이루실 수 있도록 그분을 앙망하는 데 전적으로 그리고 변함없이 내 혼신의 힘을 다 바칩니다." 그렇다고 이러한 승리와 기쁨과 온전한 체험을 곧바로 얻는 사람은 별로 없습니다. 그러나 적어도 다음과 같은 일을 할 수 있습니다. 바로 올바른 태도를 취하는 것입니다. 즉 예수님, 지상에서의 그분의 모습을 생각하면서 "아버지 하나님, 당신은 저를 신령한 본성에 참여하는 자, 곧 그리스도를 나눠 가진 자로 삼아주셨습니다. 저는 죽음에 이르도록 당신께 자신을 바치셨던 그리스도의 삶 속에서, 그분의 능력과 내주하심 속에서, 그리고 그분의 형상 속에서 제 삶을 살기를 소원합니다"라고 말하는 것입니다.

죽음은 두려운 일이요, 무서운 일입니다. 예수님은 겟세마네 동산에서 죽음을 받아들이기 위해 큰 번민을 하셨습니다. 그러므로 죽음을 받아들이는 일이 우리에게 수월치 않다고 해서 염려할 필요는 없습니다. 그러나 다음과 같은 비밀을 깨닫게 되었을 때, 기쁜 마음으로 동의해야 합니다. 하나님의 생명은 오직 죽음 속에 숨어 있다는 것입니다. 바로 그 사실 때문에 바울은 자기에 대한 사형 선고를 그토록 기쁘게 감내할 수 있었습니다. 그는 하나님이 죽은 자를 소생시키신다는 사실을 알고 있었습니다. 사형 선고는 자연 만물에 내려졌습니다. 이것을 기꺼이 받아들이며 간직하고 있습니까? 아니면 이러한 선고를 피하거나 잊으려고 애쓰고 있습니까? 우리는 사형 선고를 받았다는 사실을 완전히 믿지 못합니다. 그러나 자연에 속한 모든 것은 죽어야 합니다. 그리스도와 함께 죽는 것이 그분 안에서 살 수 있는 유일한 길임을 진정으로 믿게 해 달라고 하나님께 구하십시오.

그러면 사람들은 이렇게 묻습니다. "그러면 매일 죽어야 하나요?" 사랑하는 그리스도인이여, 바로 그렇습니다. 예수님은 매일 십자가를 바라보며 사셨습니다. 그리고 그분의 죽음에서 안위를 얻도록 만들어진 우리는, 그분의 승리하는 삶의 능력 안에서, 매일 그분과 함께 죽음에 내려가기를 기뻐해야 합니다. 예를 한 가지 들겠습니다. 수백년 된 떡갈나무를 한번 생각해 보십시오. 그 나무는 어디에서 생겼습니까? 무덤에서 생겼습니다. 땅에 심겨진 도토리는 죽어서 떡갈나무를 위해 무덤을 만들었습니다. 도토리는 죽고 사라졌습니다. 그것은 아래로 뿌리를 내리고 위로 어린 가지를 뻗쳤습니다. 그래서 이 나무는 수백년 동안 서 있게 되었습니다. 이 떡갈나무는 어디에 서 있습니까? 도토리의 무덤에 서 있습니다. 나무는 도토리가 죽어서 만든 바로 그 무덤 위에 내내 서 있습니다. 나무는 도토리의 무덤이 만들어진 바로 그 땅속에 뿌리를 더 깊이, 더 깊이 내리며 서 있습니다. 비록 자그마한 도토리가 죽어 만든 무덤 자리에 그냥 서 있는 것이지만, 떡갈나무는 내내 더 높이, 더 튼튼하게, 더 크게, 그리고 더 아름답게 자라왔습니다. 이 나무가 지금까지 그토록 많은 열매를 맺어오고 또 매년 그토록 무성한 잎사귀들을 내왔던 것은 오직 이 나무의 뿌리를 지탱해 주었던 바로 그 무덤 덕분입니다.

이와 마찬가지로 그리스도의 모든 것도 다 그분의 죽음과 무덤 덕분입니다. 그리고 우리의 모든 것도 다 예수님의 무덤 덕분에 존재합니다. 그러므로 우리는 매일 예수님의 죽음에 뿌리를 내리며 살아야 합니다. 두려워하지 말고 오직 이렇게 말하십시오. "내 자신의 의지에 대해서 나는 죽을 것입니다. 인간의 지혜, 인간의 능력, 그리고 세상에 대해서 나는 죽을 것입니다. 왜냐하면 바로 주님의 무덤 안에서 그분의 생명이 시작되었고 힘과 영광이 나타났기 때문입니다."

▪▪▪ 그리스도의 부활

예수님의 죽음을 통해 생명과 영광이 나타난 사실을 알게 된 우리는 이런 생각을 하게 됩니다. 첫째, 그리스도는 아버지로부터 생명을 받으셨습니다. 둘째, 그리스도는 아버지께 의존하는 삶을 사셨습니다. 셋째, 그리스도는 죽음으로써 아버지께 생명을 바치셨습니다. 그리고 이제 네 번째로 그리스도는 아버지의 영광의 능력에 의해 일으키심을 받아 다시 생명을 얻으셨습니다. 오, 그리스도의 부활에 얼마나 심오한 뜻이 담겨 있는지요! 그리스도는 돌아가실 때 무슨 일을 행하셨습니까? 그분은 어둠과 죽음의 전적인 무력 상태에 내려가셨습니다. 예수님은 죄가 조금도 없으셨던 생명, 하나님이 주셨던 생명, 아름답고 귀중했던 생명을 버리셨습니다. 그리고 이렇게 말씀하셨습니다. "아버지가 이것을 요구하신다면, 나는 기꺼이 이것을 아버지의 손에 맡기겠습니다."

그리고 그분은 그렇게 하셨습니다. 그리스도는 죽음 속에서 자기의 생명을 아버지께 바치심으로써 모든 것을 잃으셨습니다. 무덤에서도 아버지의 뜻을 이루기 위해 아버지만을 바랐습니다. 그리고 예수님은 죽음이라는 엄청난 무력함 가운데서도 극도로 아버지 하나님을 영화롭게 했기 때문에, 하나님은 영광과 능력의 극치로 그리스도를 높여 주셨습니다.

예수님이 그러셨던 것처럼 하나님의 영광과 생명이 당신에게 임하기를 원한다면, 극도로 무력한 무덤 속에서 이러한 영광의 생명이 탄생한다는 사실을 잊지 말아야 합니다. 예수님은 죽음에서 부활하셨습니다. 그리고 하나님의 은혜로 말미암는 이러한 부활의 능력은 우리 안에서 역사할 수 있고 또 역사할 것입니다. 그러나 누구라도 예수님의 능력 안에서 온전한 부활의 삶을 살 때까지는 바른 삶을 살기를 기대하지 말아야 할 것입니다. 이제 이러한 부활의 의미를 다른 각도로 살펴보겠습니다.

그리스도는 하나님이 주신 온전한 생명을 소유하고 계셨습니다. 그런데 아버지 하나님이 "네 생명을 내게 바치겠느냐? 내 명령대로 너의 생명을 단념하겠느냐?"고 물으셨습니다. 그러자 예수님은 기꺼이 자신의 생명을 포기하셨습니다. 그 결과, 하나님은 지상에서의 생명보다 수천 배 더 영광스러운 두 번째 생명을 그리스도께 돌려주셨습니다. 그리고 하나님은 자기의 생명을 기꺼이 단념하는 우리들 각 사람에게 이와 똑같은 일을 행하십니다. 여러분은 이 사실을 깨닫고 있습니까? 예수님은 두 번 태어나셨습니다. 처음에 그분은 베들레헴에서 태어나셨습니다. 이것은 연약한 생명의 탄생이었습니다. 그러나 두 번째로 그분은 무덤에서 태어나셨습니다. '죽음에서 태어난 첫 사람'이 되셨습니다. 예수님이 첫 출생에서 받은 생명을 기꺼이 포기했기에, 하나님은 천국의 영광과 하나님의 보좌 위에서 그분께 두 번째 생명을 주실 수 있었습니다.

그리스도인이여, 우리가 해야 할 일이 정확히 이것입니다. 당신은 가장 열심 있는 그리스도인이요, 성공적인 사역자일지 모릅니다. 어느 정도 성장과 진보가 있는 그리스도인일 수도 있습니다. 그러나 우리가 이러한 충만한 복에 들어가지 못했다면, 하나님의 구원의 능력을 이제 다시 그리고 더 깊게 체험해야 할 필요가 있습니다. 하나님이 당신을 애굽에서 구원하시고 홍해를 건너게 하신 것과 같이, 우리는 하나님이 요단강을 건너게 하시고 가나안으로 인도하시는 바로 그 지점까지 이르러야 합니다.

사랑하는 형제 자매여, 우리는 그리스도의 죽음으로 세례를 받았습니다. 그런데도 우리는 이렇게 말합니다. "나는 매우 복된 생명을 받았습니다. 그리고 많은 복된 경험들을 했습니다. 하나님은 나를 위해 많은 일들을 해주셨습니다. 하지만 나는 아직도 무언가 잘못되었다는 생각이 듭니다. 나는 안식과 승리의 삶이 실제로 내 것이 아니라는 생각이 듭니다." 그리스도는 하늘 보좌의 안식과 승리의 삶을 얻기 전에, 먼저 돌아가셔야 했고 모든 것을 포기하셔야 했습니다. 이와 같이 행하십시오. 그러면 그리스도와 함께 그분의 승리와 영광을 나누게 될 것입니다. 우리가 예수님의 죽음 안에서 그분을 따를 때에만 부활과 능력과 기쁨에 참여하게 될 것입니다.

■■■ 그리스도의 승천

이제 마지막 문제를 고찰해 볼 차례입니다. 그리스도의 놀라운 인생 행로에서 다섯 번째 단계는 바로 승천입니다. 그리스도는 하나님과 영원히 함께하려고 승천하셨습니다. 예수님이 스스로를 낮추셨기 때문에, 하나님은 예수님을 높이 올리셨습니다. 예수님의 높아지심의 아름다움과 복됨은 어디에 있습니까? 그리스도 편에서 이것은 하나님과의 온전한 친교에 있을 것이고, 다른 사람들의 편에서는 하나님의 전능하신 능력에 참여하는 데 있을 것입니다. 이것이 그리스도가 죽음으로 얻은 열매입니다.

성경은 하나님이 부활의 생명 안에서 우리에게 기쁨을 주시고 모든 깨달음, 죄를 이기는 승리, 하나님 안에서 누리는 안식을 아우르는 평화를 주실 것임을 약속하는 동시에, 또한 하나님이 우리에게 성령으로 세례를 주실 것임을 말해 줍니다. 다시 말해서 우리를 성령으로 충만하게 하실 것임을 가르치고 있습니다. 예수님은 천국 보좌로 올라가셔서 아버지 하나님께로부터 자신의 새롭고 신령한 존재 속에 성령을 받으셨고, 자신의 충만함 속에 성령의 부으심을 받으셨습니다. 그리고 우리가 부활의 삶, 즉 우리와 함께하시고 천국 보좌에 앉아 계신 그리스도를 믿고 의지하는 삶으로 들어가게 될 때, 우리 또한 그리스도가 하나님 안에 거하시는 것과 같이 예수 그리스도와의 친교에 참여하는 자가 될 것입니다. 또한 성령이 우리가 전에 알지 못했던 방식으로 우리 안에서 그리고 우리 밖에서 충만히 역사하실 것입니다.

예수님은 온 생애에 걸쳐 아버지 하나님을 전적으로 의지하셨습니다. 뿐만 아니라 죽음에 이르기까지 하나님을 의지함으로써 신령한 생명을 받으셨습니다. 예수님은 순종과 복종으로 하나님께 자신을 모두 내어 드리고, 무덤에서까지 하나님의 전능하신 능력이 발휘될 수 있도록 자기 자신을 비우심으로써 성령의 충만한 영광 속에서 새 생명을 받으셨습니다. 바로 이 그리스도가 당신과 내 안에서 삶을 영위하실 것입니다. 얼마나 신비롭고 신령하며 영광스러운 비밀인지요! 예수 그리스도는 우리 안에서 이러한 삶을 사시기로 작정하셨습니다.

그렇다면 하나님 앞에서 우리 스스로를 낮춰서는 안 되는 것입니까? 수년 동안 그리스도인으로 살아왔음에도 불구하고 우리가 누구인가에 대해서 그토록 아는 바가 적은 것입니까? 우리는 깨끗이 닦여지고 비어 있으며 성별(聖別)되어 있는 준비된 그릇입니다. 우리는 매순간 하나님을 기쁘시게 했던 독생자의 거룩하심과 삶만큼이나, 하나님이 그리스도 안에서 성령으로 말미암아 우리 안에서도 역사하시기를 기다리며 서 있는 준비된 그릇입니다. 그리스도의 교회가 겸손과 참회와 수치의 무덤으로 내려갈 때까지, 그리스도의 교회가 하나님 앞에서 진토에 엎드리고 그분이 자기를 일으키실 때 새롭고 놀라우며 초자연적인 일을 이루어 주시기를 바랄 때까지, 교회는 세상을 이기려는 모든 노력에도 불구하고 내내 연약할 수밖에 없습니다.

교회 안에 미온적인 태도가 얼마나 많고, 세속적인 모습이 얼마나 만연하며, 불순종과 죄가 얼마나 가득합니까! 그러면 우리는 이러한 전쟁에 어떻게 맞서야 하고, 이러한 난제(難題)들에 어떻게 대처해야 하겠습니까? 대답은 이것입니다. 부활하신 자, 왕위에 오른 자, 전능하신 자, 곧 우리의 그리스도가 각 신자들 속에 오셔서 사셔야만 합니다. 그러나 그리스도와 함께 죽기 전까지, 우리는 이것을 기대할 수 없습니다. 앞에서 저는 나무의 예를 들어 이것을 설명했습니다. 떡갈나무가 매우 높고 아름답게 자랐을지라도, 그 나무는 도토리가 죽어서 만든 무덤에 백 년 동안 매일 자기의 뿌리를 더 깊이 내린 것입니다.

하나님의 자녀여, 우리는 예수님의 무덤 속으로 더 깊이 내려가야 합니다. 우리의 마음이 깊고 거룩한 떨림으로 매일 하나님 앞에서 행할 수 있도록, 우리는 무력함과 의지함과 무가치함을 깨닫는 심령을 계발해야 합니다. 하나님은 우리를 지켜 주십니다. 그리고 하나님이 아들 안에서 이루신 모든 것을 우리 안에서도 이루어 주심으로 예수 그리스도가 우리 안에서 그분의 삶을 사실 수 있도록 하나님을 앙망하라고 가르치십니다! 부디 하나님이 우리에게 이 일을 모두 이루어 주시기를 간절히 기도합니다. 아멘.

7. 우리의 구원이신 그리스도의 겸손

너희 안에 이 마음을 품으라 곧 그리스도 예수의 마음이니 … (그는)
자기를 낮추시고 죽기까지 복종하셨으니 곧 십자가에 죽으심이라(빌 2:5 -8).

　　빌립보서에 나오는 이 놀라운 구절은 누구에게나 친숙합니다. 바울은 일상의 가장 단순하고 실제적인 일들 가운데 한 가지, 겸손에 대해 말하고 있습니다. 겸손과 관련하여 바울은 신령한 진리에 대한 놀라운 식견을 제시합니다.

　　이 장에서 우리는 예수님의 영원한 신성에 대해 살펴볼 것입니다. 예수님은 본래 하나님의 본체이시고 하나님과 동등하신 분이십니다. 또한 예수님의 성육신도 살펴볼 것입니다. 그분은 인간의 모습으로 땅에 내려오셨습니다. 그리고 속죄와 함께 예수님의 죽음을 살펴볼 것입니다. 그분은 죽기까지 복종하셨습니다. 예수님의 높아지심도 살펴볼 것입니다. 하나님은 그분을 크게 높이셨습니다. 마지막으로 그리스도의 나라의 영광에 대해 살펴볼 것입니다. 그곳에서 마침내 모든 무릎이 꿇리고 모든 입술이 그분을 시인하게 될 것입니다.

이 장은 무엇과 관련이 있을까요? 신학 연구입니까? 그렇지 않습니다. 그러면 그리스도는 누구신가에 대한 진술입니까? 아닙니다. 이장은 인간관계에서 서로 겸손한 삶을 살아야 한다는 단순하고도 명백한 소명에 관한 내용입니다. 지상에서 우리의 삶은 예수님의 높아지심에서 드러났듯이 모두 하나님의 영원한 영광과 관련이 있습니다. 예수님을 기다리고 바라며 그분께 무릎을 꿇는 행위는 가장 깊은 겸손의 심령과 관련되어 있습니다. 예수님의 겸손하심을 생각해 보십시오. 그분의 겸손은 다른 무엇보다도 우리의 구원입니다. 다음으로 겸손은 우리에게 필요한 바로 그 구원입니다. 또한 그 겸손은 성령님이 우리에게 주실 구원입니다.

■ ■ ▫ 우리의 구원되신 겸손

겸손은 그리스도가 가져오신 구원입니다. 가장 먼저 이것을 살펴보겠습니다. 우리는 그리스도가 누구신가에 대해 모호한 개념을 품을 때가 있습니다. 저 또한 관념적으로 말하는 것인지도 모릅니다. 우리는 그리스도의 인격을 사랑합니다. 하지만 그리스도를 결정하는 요인, 실제적으로 그분을 그리스도로 만드는 요인에 대해서는 무지하거나 혹은 그것을 사랑하지 않습니다. 우리가 다른 무엇보다도 그리스도를 사랑한다면, 우리는 그 무엇보다 겸손을 사랑해야 합니다. 왜냐하면 바로 이 겸손이 그리스도의 삶과 영광의 본질이며 그분이 가져오신 구원이기 때문입니다. 여기에 유념하십시오.

겸손은 어디에서 시작되었습니까? 겸손은 천국에 있습니까? 우리는 그곳에 겸손이 있음을 알고 있습니다. 거기서 천사들은 자기들의 면류관을 하나님의 보좌와 어린 양 앞에 바칩니다. 그런데 하나님의 보좌에도 겸손이 있습니까? 그렇습니다. 보좌에 계시던 예수님이 "내가 내려가서 종이 되어 인간들을 위해 죽을 것이다. 내가 가서 온유하고 겸손한 하나님의 어린 양이 될 것이다"라고 말씀하신 것을 천국의 겸손이 아닌 그 무엇으로 설명할 수 있겠습니까! 예수님은 겸손을 천국에서 우리에게로 가져오셨습니다. 바로 이 겸손이 그분을 지상으로 오게 했습니다. 겸손하지 않으셨다면 예수님은 내려오지 않으셨을 것입니다. 그리스도가 이러한 신령한 겸손으로 인간이 되셨던 것과 일치하여 그분의 삶 전체는 겸손으로 특징지을 수 있습니다. 예수님은 다른 형태를 취하여 나타나실 수 있으셨습니다. 왕의 형태로 오실 수도 있으셨습니다. 하지만 종의 형체를 취하여 오셨습니다. 예수님은 이렇게 말씀하셨습니다. "인자가 온 것은 섬김을 받으려 함이 아니라 도리어 섬기려 하고 자기 목숨을 많은 사람의 대속물로 주려 함이니라"^(마 20:28). 그리고 마지막 날 밤에, 예수님은 종의 신분을 취하사 수건을 허리에 두르시고 베드로와 다른 제자들의 발을 씻으셨습니다. 사랑하는 형제 자매여, 지상에서 예수님의 삶은 겸손한 삶의 극치입니다. 그리고 바로 이것 때문에 그분의 삶은 하나님 앞에서 가치 있고 아름답게 되었습니다.

▪▪▪ 십자가에서의 죽음으로 보여주신 겸손

이제 그분의 죽음을 살펴봅시다. 당신은 혹 그리스도의 죽음을 겸손과 관련하여 별로 생각하지 않았을지 모릅니다. 하지만 그분의 죽음은 더 이상 비할 데 없는 겸손의 표현이었습니다. "(그리스도 예수는) 자기를 낮추시고 죽기까지 복종하셨으니 곧 십자가에 죽으심이라." 주 예수님은 지상에 계시는 동안 내내 낮은 신분을 취하셨습니다. 그분은 제자들의 발을 씻기셨을 때 매우 낮은 신분을 취하셨습니다. 갈보리로 가셨을 때, 하나님이 지으신 세계에서 찾아볼 수 있는 가장 낮은 신분을 취하셨습니다. 예수님은 죄와 죄의 저주와 하나님의 진노를 자신이 받으셨습니다. 우리의 짐을 지시기 위해, 우리를 비참한 처지에서 건져내시기 위해, 그 고귀한 피를 흘리셔서 우리에게 구원을 주시기 위해, 그 피로써 우리의 더러움과 죄악을 씻어주시기 위해 그분은 죄인의 신분을 취하셨습니다.

우리는 그리스도를 하나님으로, 인간으로, 속죄자로, 구주로, 하늘 보좌로 올라가신 분으로 단순하게 생각할 위험이 있습니다. 참된 그리스도, 그분의 인격의 핵심을 모른 채 그저 그리스도의 상(image)을 만들어 냅니다. 그러면 '참된 그리스도'란 어떤 분입니까? 우리를 구원하시기 위해 지극히 낮은 곳으로 내려가신 신령한 겸손, 이것이 바로 그리스도입니다. 예수님의 겸손은 우리의 구원입니다. "자기를 낮추시고 죽기까지 복종하셨으니 … 하나님이 그를 지극히 높여." 예수님이 하늘 보좌로 높아지신 비결은 바로 이것입니다. 그분은 하나님과 사람들 앞에서 자신을 낮추셨습니다. 겸손이야말로 곧 하나님의 그리스도입니다. 겸손한 인간, 그리스도는 지금 하늘 보좌에 앉아 계십니다.

지금 무엇이 보입니까? 죽임을 당할 때와 똑같은 모습으로 보좌에 앉아 계신 어린 양을 봅니다. 그 영광 속에서도 그리스도는 여전히 온유하고 겸손하신 하나님의 어린 양이십니다. 겸손은 그분의 자랑스러운 휘장입니다. 우리는 종종 하나님의 어린 양이라는 이름을 사용합니다. 주로 희생의 피와 관련하여 사용합니다. 우리는 하나님의 어린 양을 찬양하고, 어린 양이 흘리신 피를 신뢰합니다. 그렇습니다. 그 피로 인해 하나님을 찬양합시다. 우리가 이 어린 양의 피를 아무리 신뢰한다고 한들 누가 이것을 지나치다고 나무랄 수 있겠습니까! 그러나 저는 '어린 양'이라는 단어에 두 가지 뜻이 있다는 사실을 잊을까 염려가

됩니다. 그 두 의미는 이렇습니다. 첫째로 희생, 피를 쏟음. 두 번째로 지상에 강림한 하나님의 온유하심, 즉 어린 양의 온유와 관용 속에 드러난 하나님의 온유하심입니다.

■ ■ ■ 자만과 자신의 영광만 추구한 결과

그러나 그리스도가 가져오신 구원은 겸손으로부터 흘러나온 구원일 뿐만 아니라, 겸손으로 인도하는 구원입니다. 이것이 우리에게 필요한 구원만이 아니라는 사실을 이해해야 합니다. 모든 인간이 비참에 떨어진 이유가 무엇입니까? 일차적으로 그것은 자만, 자기의 뜻과 영광을 추구하는 자만 때문이었습니다. 그렇습니다. 자만이 모든 죄악의 뿌리입니다. 그래서 하나님의 어린 양은 자만에 빠진 우리에게 오셔서, 자만으로부터 우리를 구원해 주셨습니다. 무엇보다도 우리는 자만과 자기 본위로부터 구원받아야 합니다. 도적질과 살인과 기타 모든 죄악에서 구원받는 일은 선합니다. 그러나 인간은 무엇보다도 먼저 모든 죄악의 뿌리, 즉 자기 본위와 자만에서 구원받아야 합니다. 자신에게 필요한 구원이 정확히 이것이라는 사실을 깨닫기 전까지, 인간은 그리스도가 어떤 분인지 이해할 수 없고 그리스도를 자기의 구원으로 받아들일 수 없습니다. 이것은 그리스도인이요 신자인 우리들에게 특히 필요한 구원입니다. 우리는 야고보와 요한의 슬픈 이야기, 즉 그들이 자기 본위와 자만 때문에 어떤 일을 겪었는지 알고 있습니다. 그들은 자기 자신으로부터 구원받아야 했습니다. 이것은 우리가 안식의 삶에 들어가기 위해 반드시 배워야 할 교훈입니다.

자만이 우리를 지배하고 있다면, 우리가 어떻게 이러한 삶으로 들어가고 어떻게 거기서 하나님의 어린 양의 품에 안길 수 있겠습니까? 우리는 그리스도의 교회에 만연해 있는 자만을 불평하는 소리를 얼마나 많이 듣고 있습니까? 하나님의 의인들 사이에서까지 자주 나타나는 모든 분쟁과 다툼과 시기의 원인은 무엇입니까? 왜 가정에서 악독과 거친 비판과 경솔한 말들이 난무하는 것입니까? 친구들 사이가 소원해지는 이유는 무엇입니까? 악담의 원인은 어디에 있습니까? 다른 사람의 감정에 무관심하고 이기적인 이유는 무엇입니까? 오직 이 한 가지, 인간의 자만 때문입니다. 인간은 자기를 높이고, 자기의 견해나 판단을 마음대로 내세울 권리를 주장합니다. 우리에게 필요한 구원은 실로 겸손입니다. 왜냐하면 오직 겸손을 통해서만 하나님과 바른 관계를 회복할 수 있기 때문입니다.

"잠잠히 하나님만 바라십시오." 이것이 피조물과 하나님과의 바른 관계를 나타내는 참된 표현입니다. 하나님 앞에서 자기를 비우십시오. 하나님이 창조하신 피조물의 본질적인 상(image)은 무엇입니까? 그것은 하나님이 자신의 충만을 부어 주실 수 있는 그릇이 되는 것, 다시 말해서 하나님이 자신의 생명, 선, 능력, 그리고 사랑을 쏟아 부어 주실 수 있는 그릇이 되는 것입니다. 무엇을 가득 채우려면 먼저 속을 비워야 합니다. 마찬가지로 우리가 하나님의 생명을 가득 채우려면 자아를 완전히 비워야 합니다. 하나님의 영광은, 하나님이 만물 가운데 충만하시고 특히 구속하신 백성에게 충만하신 것입니다. 반면 만물에게는 하나님 앞에서 자기를 비우고 무가치한 것이 되며 하나님만 잠잠히 바라고 그분을 만유의 주로 삼는 것이 만물의 영광입니다. 그것은 또한 구원받은 모든 영혼의 유일한 구속이요 유일한 영광이기도 합니다.

신약의 거의 모든 사도는 이 겸손을 자기의 특성으로 품고 있었습니다. 바울은 이렇게 말했습니다. "모든 겸손과 온유로 하고 오래 참음으로 사랑 가운데서 서로 용납하고 평안의 매는 줄로 성령이 하나 되게 하신 것을 힘써 지키라"(엡 4:2-3). 당신이 하나님께 가까이 나아갈수록, 당신은 더욱더 하나님으로 충만해지고 더욱더 겸손해질 것입니다. 또한 하나님과 사람 앞에서 지극히 낮아지는 것을 더욱더 사랑하게 될 것입니다. 우리는 베드로가 초기에 자기 과신에 빠진 일이 있음을 알고 있습니다. 그러나 예수 그리스도가 돌아가신 후 사도로 활동하던 시절, 그의 말과 행동은 얼마나 달라졌습니까! 베드로는 이렇게 썼습니다. "젊은 자들아 이와 같이 장로들에게 순종하고 다 서로 겸손으로 허리를 동이라 … 그러므로 하나님의 능하신 손 아래에서 겸손하라 때가 되면 너희를 높이시리라"(벧전 5:5-6). 베드로는 이제 겸손이 무엇인지 이해하게 되었습니다. 그리고 이것을 모든 이에게 가르쳤습니다. 이것이 바로 우리에게 필요한 구원입니다.

■■■ 온전한 순종에 이르지 못하는 이유

그렇다면 사람들로 하여금 온전한 순종에 이르지 못하도록 막는 요인은 무엇입니까? 이것은 오직 그들이 스스로를 포기하지 않고 하나님께 자기 자신을 맡기지 않기 때문입니다. 그들은 기꺼이 무(無)의 상태가 되어 자기들의 소원과 뜻과 명예를 그리스도께 바치려 하지 않습니다. 예수님이 주신 구원을 거부하시겠습니까? 예수님은 자기의 뜻을 포기하셨습니다. 그분은 자기의 명예를 다 버리셨습니다. 예수님은 자기 확신을 버리셨고, 하늘 아버지가 보내신 종으로서 오직 하나님만 의뢰하며 사셨습니다. 여기에 우리에게 필요한 구원, 그리스도 안에 계셨던 겸손의 영이 있습니다.

무엇이 우리의 마음을 자주 흔들고 우리의 평화를 깨뜨립니까? 상당히 괜찮은 무언가가 되려고 하는 자만이 바로 그 장본인입니다. 그러나 하나님의 가르침은 이와 정반대입니다. "하나님이 교만한 자를 물리치시고 겸손한 자에게 은혜를 주신다 하였느니라"(약 4:6). 예수님도 얼마나 자주 제자들에게 이것을 가르치셔야 했는지요! 당신은 복음서에서 이 구절을 여러 번 발견했을 것입니다. "누구든지 자기를 높이는 자는 낮아지고 누구든지 자기를 낮추는 자는 높아지리라"(마 23:12). 그분은 제자들에게 이런 말씀도 하셨습니다. "너희 중에 누구든지 으뜸이 되고자 하는 자는 모든 사람의 종이 되어야 하리라"^(막 10:44).

우리는 하나님 앞에서 이렇게 부르짖어야 합니다. "예수님의 겸손과 함께 성령님의 능력을 부어주셔서 예수님이 들어가신 자리에 이르게 하여 주옵소서." 형제 자매여, 당신은 예수님이 들어가신 자리보다 더 나은 자리를 원하십니까? 예수님보다 더 높은 자리를 추구하고 있습니까? 그렇지 않다면 이렇게 말하십시오. "낮은 곳으로, 낮은 곳으로, 내가 이를 수 있는 가장 낮은 곳으로! 나는 하나님의 도우심으로 그분 앞에 무의 상태가 될 것이다. 나도 예수님이 계시던 그 자리에 설 것이다."

■■■ 성령님이 주신 구원, 겸손

이제 세 번째 문제를 살펴볼 차례입니다. 이것은 성령님이 가져오신 구원에 관한 내용입니다. 우리는 제자들에게 어떤 변화가 일어났는지 알고 있습니다. 이로 인해 하나님을 찬양합시다. 성령님이 이것을 이루셨습니다. 예수님의 생명, 태도, 경향, 그리고 기질이 하늘에서 우리의 마음속으로 내려왔습니다. 이것이 성령님의 일입니다. 그분은 여러 은사들을 통하여 놀라운 일들을 행하십니다. 그러나 성령님의 충만함은 겸손하신 예수 그리스도가 우리 안에 내주하려고 오실 때 확연히 드러납니다.

그리스도가 제자들을 가르치셨을 때, 그분의 모든 교훈은 일종의 준비 단계로서 도움이 되었을 것입니다. 이를 통해 그들은 깨어지고 무엇이 잘못인지 인식하게 되었으며 소망을 품게 되었습니다. 하지만 그 교훈은 효과를 발휘할 수 없었습니다. 그들은 모두 예수님을 사랑했고 그분을 기쁘시게 하려고 애썼지만, 성령님이 오시기 전까지, 그들은 이것을 해낼 수 없었습니다. 이것은 그리스도가 약속하신 것입니다. 예수님은 성령님의 강림과 연관하여 "내가 너희에게 다시 오리라"고 말씀하셨습니다. 그리스도는 제자들에게 이렇게 말씀하셨습니다. "나는 3년간 너희와 함께 생활했다. 그동안 나는 너희와 가장 친밀하게 지냈다. 나는 너희의 마음에 이르려고 최선을 다했다. 너희 마음에 들어가려고 애썼다. 하지만 그럴 수 없었다. 그러나 두려워하지 말아라. 나는 다시 올 것이다. 그날에 너희는 나를 볼 것이고, 너희 마음은 흡족할 것이며, 아무도 너희의 기쁨을 빼앗지 못할 것이다. 나는 다시 와서 너희 안에 거할 것이며, 너희 안에서 살 것이다."

그리스도는 새로운 능력을 얻으시려고 천국에 올라가셨습니다. 그 능력이란 무엇입니까? 사람들 안에 사시는 능력입니다. 하나님, 찬양을 받으시옵소서! 겸비하신 분, 하나님의 어린 양, 온유하신 분, 겸손하시고 너그러우신 분, 곧 예수님이 성령님 안에서 제자들의 마음속으로 내려오셨기 때문에, 자만은 쫓겨났고 천국의 숨결이 그분으로 말미암아 제자들을 한마음과 한 영혼으로 묶는 사랑을 내뿜게 되었습니다.

사랑하는 친구여, 그리스도는 당신 것입니다. 성령의 능력 안에서 오신 그리스도는 당신의 소유입니다. 완전하신 예수 그리스도를 소유하기를 열망합니까? 그렇다면 죽기까지 복종하심으로 신령한 영광을 드러내신 모습에서, 그리고 하늘에 높이 계신 가장 크고 밝은 영광의 모습에서, 그분이 어떻게 하늘로부터 이 낮은 땅으로, 심지어 십자가로까지 자신을 낮추셨는지 보십시오. 그리스도는 자기를 낮추심으로 자기의 이름을 나타내셨고 온유함을 보이셨으며 하나님의 어린 양으로서의 죽음을 담당하셨습니다.

■■▫ 겸손에 이르는 길

그러면 이제 우리가 해야 할 일은 무엇입니까? 어떻게 해야 예수님의 겸손으로 구원을 얻을 수 있습니까? 이것은 어려운 질문입니다. 하지만 해답은 있습니다. 첫째, 우리는 다른 어떤 것보다 이것을 소망해야 합니다. 그리고 우리는 이 저주받을 자만의 모든 구렁텅이에서 건져 달라고 하나님께 기도를 드려야 합니다. 또한 우리는 그리스도인의 삶의 다른 영역들은 잠시 제쳐두고, 우선적으로 하나님의 어린 양께 매일매일 이렇게 고백해야 합니다. "오 하나님의 어린 양이여, 저는 당신의 사랑을 알고 있습니다. 하지만 당신의 온유함에 대해서는 거의 모르고 있습니다." 매일매일 그분께 나아가, 당신의 마음을 쏟아 놓고, 간절한 소망으로 이렇게 기도하십시오. "예수님, 하나님의 어린 양이여, 부디 제게 온유하시고 겸손하신 당신을 주십시오." 그러면 예수님이 그분을 경외하는 자들의 소원을 이루어 주실 것입니다. 이것을 소망하거나 간구하는 것만으로는 부족합니다. 이것을 요구하고 자신의 것으로 받아야 합니다. 그러면 우리의 생명이 되시는 예수 그리스도 안에서 이러한 겸손을 받게 됩니다.

공기는 우리의 생명입니다. 이 공기는 세상 도처에 있습니다. 우리는 숨쉬는 데 어려움을 느끼지 않습니다. 왜냐하면 하나님이 공기로 우리를 두르셨기 때문입니다. 그러면 이 공기가 그리스도보다 우리에게 더 가깝습니까? 태양은 매시간 매순간 밝게 빛나서 모든 푸른 식물과 풀잎에 빛을 비춥니다. 그러면 그리스도가 우리의 마음에 가까우신 것보다 이 태양이 풀잎에 더 가깝습니까? 진실로 그렇지 않습니다. 그리스도는 우리 주위 어디에나 계십니다. 그리스도는 들어오셔서 우리를 껴안으십니다. 하늘에 있는 것이나 땅에 있는 것이나 혹 지옥에 있는 것이라도, 비어 있고 열려 있는 우리의 마음에 그리스도의 빛이 들어오는 것을 막을 수는 없습니다.

창에 블라인드가 쳐 있으면, 방 안에 빛이 들어오지 못합니다. 빛은 집 밖에 머무르면서 계속 블라인드를 향해 돌진할 테지만, 결국 안으로 들어오지는 못할 것입니다. 그러나 블라인드를 거둔다면, 빛이 쏜살같이 안으로 들어와서 방 안을 가득 채울 것입니다. 하나님의 자녀여, 이와 같이 예수님과 그분의 빛, 예수님과 그분의 겸손도 우리 주위 어디에나 있으며, 우리의 마음속으로 들어오기를 열망하고 있습니다. 온유하고 너그러우시며 복되신 예수님을 지금 붙드십시오. 그분을 두려워하지 마십시오. 그분은 하나님의 어린 양이십니다. 그분은 당신을 잘 참아주시며, 당신에게 매우 너그러우십니다. 그분의 친절하심과 사랑은 한이 없습니다. 예수님이 당신의 마음속에 들어와서 당신의 마음을 소유하시도록 오늘 이 시간에 용기를 내십시오.

일단 예수님이 당신의 마음을 소유하시면, 매일매일 그분과 친밀한 사귐이 있는 복된 삶이 계속될 것입니다. 그리고 당신은 그분과 조용한 시간을 갖고, 그분께 경배하고 찬양하며, 연약하고 겸손한 심령으로 그분 앞에 엎드려 "예수님, 저는 아무것도 아닙니다. 오직 당신만이 저의 모든 것입니다"라고 말해야 할 필요성을 더 절감하게 될 것입니다. 당신이 예수님의 발아래 있다는 사실을 의식할 때 비로소 복된 삶이 될 것입니다. 그리고 바로 그 순간 당신은 신령한 겸손 가운데 계시며 당신 영혼의 생명이 되시는 예수님을 구할 수 있습니다. 이렇게 하지 않겠습니까? 마음을 열고 "예수님, 들어오십시오. 제게 들어오십시오"라고 말하지 않겠습니까?

오늘, 참된 겸손의 복된 능력을 지니신 예수님을 새롭게 붙드십시오. 그리고 이렇게 말하십시오. "나는 마음이 온유하고 겸손하니 나의 멍에를 메고 내게 배우라 그리하면 너희 마음이 쉼을 얻으리니'^{(마}11:29)라고 말씀하신 주님, 저는 온전한 삶을 살지 못했던 이유를 이제 알았습니다. 그것은 제 자만 때문이었습니다. 그래서 오늘 이렇게 주님 앞에 나아갑니다. 안드레와 요한을 복된 천국의 겸손으로 인도해 주셨던 주님, 저를 거절하지 마시고 받아주십시오. 주님, 제가 여기 있습니다. 놀라운 겸손으로 구원의 능력을 베풀어 주실 주님, 제 안에 들어와 주십시오. 오 하나님의 어린 양이여, 저는 당신을 믿습니다. 제 마음을 가지시고 제 안에 거하시옵소서."

이렇게 기도하고 나서, 잠잠히 나아와 고요하게 하나님의 어린 양을 마음에 받아들이며 이렇게 말하십시오. "나는 하나님의 어린 양을 받아들입니다. 이제 그분이 나의 마음을 돌보실 것입니다. 예수님은 내 안에 겸손한 심령과 하나님을 의뢰하는 마음을 불어넣어 주실 것입니다. 그리하여 나를 하나님께로 인도하실 것입니다. 그분의 겸손은 나의 생명이며 나의 구원이십니다."

8. 온전한 순종

요셉이 이끌려 애굽에 내려가매 바로 신하 친위대장 애굽 사람 보디발이
그를 그리로 데려간 이스마엘 사람의 손에서 요셉을 사니라 여호와께서
요셉과 함께하시므로 그가 형통한 자가 되어 그의 주인 애굽 사람의 집에 있으니
그의 주인이 여호와께서 그와 함께하심을 보며
또 여호와께서 그의 범사에 형통하게 하심을 보았더라(창 39:1-3).

창세기 39장에서 우리는 그리스도가 우리에게 가르쳐 주신 것과
같은 교훈을 봅니다. 면밀히 살펴보십시오. 요셉은 보잘것없는 노예였
습니다. 그러나 하나님이 함께하신다는 것을 그의 주인도 깨달을 수 있
을 정도였습니다. "그의 주인이 여호와께서 그와 함께하심을 보며 또
여호와께서 그의 범사에 형통케 하심을 보았더라 요셉이 그의 주인에
게 은혜를 입어 섬기매 그가 요셉을 가정 총무로 삼고 자기의 소유를
다 그의 손에 위탁하니 그가 요셉에게 자기의 집과 그의 모든 소유물을

주관하게 한 때부터 여호와께서 요셉을 위하여 그 애굽 사람의 집에 복을 내리시므로 여호와의 복이 그의 집과 밭에 있는 모든 소유에 미친지라 주인이 그의 소유를 다 요셉의 손에 위탁하고 자기가 먹는 음식 외에는 간섭하지 아니하였더라"(창 39:3-6). 요셉은 보디발의 집에서 두 가지 신분을 경험했습니다. 애초에 그는 신뢰받고 사랑받는 노예였습니다. 그는 완전한 종이었습니다. 그러다가 나중에 주인이 되었습니다. 보디발은 요셉을 자기의 집과 전토와 모든 소유를 관할하는 가정 총무로 삼았습니다. 그는 모든 것을 요셉의 손에 위임하고 자기가 먹는 음식 외에는 간섭하지 않았습니다.

■■■ 그리스도의 모형으로 본 요셉

여기서 요셉을 그리스도의 한 모형으로 이해하고 주의해서 살펴보겠습니다. 우리는 때로 그리스도인의 삶에 나타나야 할 온전한 순종에 대해 말합니다. 그런데 여기서 우리는 온전한 순종이 무엇인지 확연히 보여주는 아름다운 예를 볼 수 있습니다. 첫째, 요셉은 보디발의 집에서 그를 섬기고 도와야 했습니다. 요셉은 그 일을 잘했습니다. 그래서 보디발은 요셉을 신임하게 되었고 요셉에게 "내 모든 소유를 다 네 손에 맡기마"라고 말했습니다.

그리스도인들이 취해야 할 태도가 바로 이것입니다. 그들은 그리스도를 알고 신뢰하며 사랑합니다. 하지만 그리스도를 주인으로 모시지 않습니다. 그분은 조력자에 불과합니다. 어려운 일을 만났을 때, 사람들은 예수님께로 달려갑니다. 죄에 빠졌을 때, 예수님께 보혈로써 용서해 달라고 간청합니다. 어두움 가운데 헤맬 때, 그분에게 부르짖습니다. 하지만 그 순간이 지나면 사람들은 번번이 자기 뜻대로 살아가며, 자기 힘을 의지합니다. 그러나 마치 보디발이 요셉에게 말했던 것처럼, "나는 예수님께 내 모든 것을 맡깁니다"라고 말하며 나아오는 자는 얼마나 복된지요! 많은 사람들이 그리스도를 주로 받아들이면서도, 매사에 철저하고 완전하게 순종하는 데는 미치지 못하고 있습니다. 실로 안타까운 일입니다.

사랑하는 그리스도인이여, 완전한 안식, 지속적인 기쁨, 그리고 하나님을 위해 봉사할 수 있는 힘을 원한다면, 와서 저 보잘것없는 이방의 애굽 사람에게서 당신이 해야 할 일이 무엇인지 배우십시오. 보디발은 하나님이 요셉과 함께하신다는 것을 깨닫고 "내가 그에게 내 집을 맡기리라"고 말했습니다. 이렇게 하기를 배우십시오. 그리스도를 받아들인 적이 없는 많은 사람들이 주리고 목말라하며 그분을 찾고 있지만, 어떻게 찾아야 할지 모르고 있습니다.

■ ■ ■ 순종의 동기

이제 그리스도에 대한 순종을 네 가지 관점으로 살펴보겠습니다. 첫째, 순종의 동기. 둘째, 순종의 정도. 셋째, 순종의 축복. 마지막으로 지속적인 순종입니다.

가장 먼저 살펴볼 내용은 순종의 동기입니다. 보디발을 움직이게 만든 동기는 무엇이었습니까? 대답은 매우 쉽습니다. 보디발은 왕의 신임을 받는 신하였습니다. 그는 왕의 일을 돌볼 책임이 있었습니다. 이것이 너무 힘겨웠기 때문에, 자기 집을 돌볼 여력이 없습니다. 보디발은 하루 종일 모든 관심을 바로의 궁전에 쏟아 부었고 그것이 그의 임무였습니다. 그래서 보디발은 집안을 돌보고 다른 종들을 다스릴 가정 총무를 여럿 두어봤을 것입니다. 그런데 이 택함을 받은 종들은 십중팔구 충성심이 없고 정직하지 못하여 집안 살림을 엉망으로 만들었습니다. 그래서 매번 다른 종을 택해야 했습니다.

그런데 이번에는 전과 다른 점이 눈에 띄었습니다. 이 종에게는 어딘가 비범한 데가 있었습니다. 그는 매우 겸손하게 행동했고, 매우 충성스럽고 성실하게 주인을 섬겼으며, 게다가 일을 매우 잘했습니다. 보디발은 그 이유를 자세히 관찰하기 시작했습니다. 그러다가 마침내 하나님이 요셉과 함께하신다는 결론에 도달했습니다.

하나님이 함께하시는 사람에게 자기의 일을 위탁한다는 것은 꽁

장한 일이 아닐 수 없습니다. 이 이방인은 이것을 깨달았습니다. 보디발은 자기 집안의 필요와 요셉에게서 관찰한 사실을 꿰맞춰 보고는 그를 가정 총무로 삼았습니다.

바로 이 두 가지 동기로 "나는 예수님을 내 주인으로 모시겠습니다"라고 말하고픈 충동을 느낀 적은 없습니까? 그리스도인이여, 당신의 집, 영적인 삶, 곧 당신 마음속에 있는 하나님의 성전의 상태는 어떻습니까? 그것은 시시때때로 예루살렘의 옛 성전처럼 더럽혀지고, 장사하는 집이나 도적들의 소굴로 변하지는 않았습니까? 예수님의 집이 되어야 할 당신의 마음이 번번이 죄와 어두움과 비탄과 고민으로 가득 차지는 않았습니까? 당신은 그동안 이런 상황을 호전시켜 보려고 최선을 다했을 것입니다. 사람들의 도움도 받아보고 여러 가지 비책들도 써보았을 것입니다. 마음을 바로잡기 위해 할 수 있는 모든 수단을 다 동원해 보았습니다. 그러나 이곳의 주인이 들어와 모든 것을 맡아주기까지 상황은 조금도 나아지지 않았습니다.

마음에 어떤 고민이 있다면, 당신이 어두움, 혹은 죄의 권세 아래 있다면 저는 당신에게 하나님의 아들을 제시하고 싶습니다. 그분이 당신의 마음에 들어오시고 당신을 맡아 주실 것이라고 분명하게 약속할 수 있습니다. 보디발이 요셉을 받아들였던 것처럼, 예수님을 받아들이지 않겠습니까? 예수님은 신뢰받을 만한 분이라는 사실을 스스로 입증하셨습니다. 지금 이렇게 말하십시오. "예수님, 제 전부를 맡아주십시오. 당신은 그만큼 훌륭하신 분입니다." 예수님의 신령한 능력만 아니라, 그분의 놀라운 사랑도 생각해 보십시오. 예수님이 당신을 구원하시기 위해 하늘에서 내려오셨다는 것을 생각해 보십시오. 당신을 매우 사랑하시기 때문에 갈보리에서 죽임을 당하시고 보혈을 흘리셨다는 사실도 생각해 보십시오. 그리고 지금 하늘에 계신 그리스도가 자기에게 속한 자들과 하나님의 자녀로 삼아준 자들을 하나하나 사랑하신다는 사실을 기억하십시오. "세상에 있는 자기 사람들을 사랑하시되 끝까지 사랑하시니라"(요 13:1).

십자가에 못 박히신 예수님의 사랑으로 당신에게 촉구합니다. 그리스도인인 당신에게 "예수님, 하나님의 아들, 당신의 구속자를 바라보라"고 강권하며, 그분을 모든 일의 주관자로 받아들일 것을 탄원합니다. 당신의 기질, 관심사, 생각, 그리고 전(全) 존재를 그분께 맡기십시오. 그러면 그리스도가 친히 이러한 대접을 받으실 만한 가치가 있는 분임을 입증해 보이실 것입니다.

요셉은 잠시 평범한 노예로 지냈습니다. 그는 다른 종들과 함께 보디발을 섬겼습니다. 애석하게도 수많은 그리스도인들이 세상의 모든 것을 마음대로 이용하듯, 그리스도를 자기들의 발전과 안위를 위해 제멋대로 이용하고 있습니다! 그들은 자기들의 안락과 행복을 위해, 부모와 목사와 돈과 세상의 다른 모든 것을 이용합니다. 이와 같이 그들은 예수 그리스도를 이용합니다. 이것은 옳지 않습니다. 당신은 그분의 집입니다. 따라서 그분은 당신 속에 들어와 거하실 권리가 있습니다. 그리스도인이여, 그분께 모든 것을 내어 드리며 "주 예수님, 당신을 모든 일의 주권자로 모시겠습니다"라고 말하지 않겠습니까?

■■■ 순종의 정도

이제 두 번째로 순종의 정도를 생각해 봅시다. 창세기 39장 4절은 이렇게 말합니다. "〈그가〉 자기의 소유를 다 그의 손에 위탁하니." 그리고 5절은 이렇게 기록하고 있습니다. "그가 요셉에게 자기의 집과 그의 모든 소유물을 주관하게 한 때부터." 모든 소유라는 말이 여기 두 번째로 언급되었습니다. 그리고 6절은 이렇게 기록합니다. "주인이 그의 소유를 다 요셉의 손에 위탁하고 자기가 먹는 음식 외에는 간섭하지 아니하였더라." 그 말이 네 번째 언급되었습니다. 우리는 여기서 무엇을 알 수 있습니까? 보디발은 실제로 모든 것을 요셉의 손에 위임했습니다. 그는 요셉을 모든 종들을 다스리는 주인으로 삼았습니다. 보디발이 아무 간섭도 하지 않았기 때문에, 모든 재물이 다 요셉의 손에 있었습니다. 식탁 위에 음식이 차려지면 보디발은 와서 먹기만 했습니다. 그가 자기 집이 돌아가는 사정을 알고 있는 부분은 오직 이것 하나밖에 없었습니다. 이것이야말로 완전한 순종이 아니겠습니까? 그는 모든 것을 요셉의 손에 맡겼습니다.

사랑하는 그리스도인이여, "나는 그동안 완전히 순종했는가?"라고 자문해 보기 바랍니다. 당신은 몇 번이고 헌신 기도를 했을 것이고, 적어도 한 번 이상은 "예수님, 제 모든 것을 주님께 바칩니다"라고 고백해 보았을 것입니다. 당신은 마음을 주님께 바쳤습니다. 그러나 바쳐야 할 것이 또 있습니다. 당신은 머리, 즉 생각을 하는 두뇌도 바쳐야 합니다.

저는 그리스도인들이 산더미처럼 많은 세상 문헌들을 읽을 때, 그러한 것들이 그리스도에게서 얼마나 많은 것들을 빼앗아 가는지 깨닫지 못하고 있다고 생각합니다. 그들은 시시때때로 신문이나 잡지에 정신이 팔려서, 정작 성경은 구석으로 제쳐두기 일쑤입니다. 친구여, 저는 당신에게 하나님이 부여하신 이 고귀한 능력, 즉 하늘의 일과 영원한 일, 무한한 일을 생각할 수 있는 정신의 능력을 계발하라고 촉구합니다. 당신의 정신을 예수님의 발아래 놓고 이렇게 말하십시오. "주 예수님, 주님께 제 모든 정신 능력을 바칩니다. 주님과 주님의 나라에 대해서 무엇을 어떻게 생각해야 할지 가르쳐 주십시오." 이미 자기들의 지력을 예수님께 바친 사람들이 있습니다. 그리고 예수님은 이것을 받아주셨습니다. 이와 마찬가지로 당신은 모든 외적 삶을 주님께 바쳐야 합니다. 사회와의 관계, 사람들 속에서의 위치, 그리고 친구와 가족간의 친교를 바쳐야 합니다. 또한 돈과 시간과 일을 바쳐야 합니다. 당신은 이 모든 것을 주님의 손에 맡겨야 합니다. 아무도 실천해 보기 전에는 이러한 순종의 축복을 깨달을 수 없습니다. 그러나 이것은 틀림없이 복된 일입니다.

예수님은 그렇게 할 만한 가치가 있는 분이십니다. 믿고 오십시오. 당신은 스스로 상황을 호전시킬 능력이 없는 줄 알고 있습니다. 그러므로 오십시오. 그리고 그리스도를 당신의 모든 것을 주관하는 주인으로 삼으십시오. 부모와 아내와 자녀와 집과 전토와 돈과 기타 모든 것을 예수님께 드리십시오. 그러면 당신은 모든 것을 바쳤을 때 백 배로 보상받게 된다는 사실을 깨닫게 될 것입니다.

■ ■ ■ 전적인 순종의 축복

세 번째는 전적인 순종의 축복입니다. 본문에는 다음과 같은 놀라운 구절이 나옵니다. "그가 요셉에게 자기의 집과 그의 모든 소유물을 주관하게 한 때부터 여호와께서 요셉을 위하여 그 애굽 사람의 집에 복을 내리시므로 여호와의 복이 그의 집과 밭에 있는 모든 소유에 미친지라." 한 이방인이 요셉을 신임했다고 해서 하나님이 그를 이렇게 대접하셨다면, 하나님이 요셉을 위하여 이렇게 놀라운 방법으로 이 애굽 사람을 축복하셨다면, 그리스도인은 용기를 내어 "내 삶 전체를 예수님의 손에 의탁한다면, 하나님이 내 모든 소유에 복을 내려 주실 거야"라고 말할 수 있지 않겠습니까? 용기를 내어 이렇게 말하십시오. "보디발은 전적으로 철저하게 요셉을 신뢰했고, 하나님이 그 요셉과 함께하시므로 만사가 형통하게 되었습니다."

사랑하는 친구여, 우리가 모든 것을 내드리고 주님만을 의지한다면 그때부터 축복은 당신 것이 될 것입니다. 당신의 내적 삶과 외적 삶에 축복이 임할 것입니다. 하나님은 보디발의 집과 전토를, 즉 그의 모든 것을 축복하셨습니다.

그리스도인이여, 우리가 얻을 축복이 무엇입니까? 저는 그것을 모두 말할 재간이 없습니다. 오직 이 한 가지만 말하겠습니다. 당신이 예수 그리스도께 나와서 모든 것을 의뢰한다면, 하나님의 축복이 당신의 모든 소유에 미칠 것입니다. 영혼에도 축복이 임할 것입니다. "주님은 자기에게 마음을 쏟는 자들을 온전한 평화로 인도하십니다." 힘써 이것을 이루십시오. 모든 일에 예수님을 의뢰하고 모든 것을 그분께 맡기십시오. 그러면 하나님의 축복, 달콤한 안식, 믿음의 안식이 당신에게 임할 것입니다. 예수님의 수중에 모든 것이 있습니다. 그분이 당신을 인도하실 것입니다. 그분이 당신을 가르치실 것입니다. 그분이 당신 안에서 일하실 것입니다. 그분이 당신을 보호하실 것입니다. 그분이 당신의 모든 것이 되어 주실 것입니다. 예수님의 수중에 모든 것이 있으므로, 당신은 얼마나 복된 안식을 누리며, 또한 무거운 책임과 근심에서 벗어나게 되겠습니까!

시련과 괴로움이 전혀 당신에게 미치지 않을 것이라고는 말하지 않겠습니다. 하지만 모든 시련과 괴로움 중에서도, 예수님의 모든 풍족함이 당신을 위로하고 도와주며 이끌어줄 것입니다. 요셉은 형제들 때문에 노예로 팔렸습니다. 하지만 그는 하나님을 바라보았습니다. 그래서 매우 만족했습니다. 그리스도는 유다에게 배반을 당하셨고, 가야바에게 정죄를 받으셨으며, 빌라도에게 사형 선고를 받으셨습니다. 그러나 예수님은 하나님을 바라보셨습니다. 그래서 만족을 얻으셨습니다. 하늘에 계신 아버지가 당신의 머리카락을 모두 다 세시며 참새 하나가 떨어지는 것도 주목해 보신다는 사실을 기억하고, 당신의 삶을 예수님의 손에 맡기십시오. 그리하여 이제 만족을 누리며 이렇게 말하십시오. "저는 예수님의 손에 모든 것을 맡깁니다. 무슨 일이 일어나든지 그것은 저에 대한 그분의 뜻입니다. 그분이 밝을 때 오시든지, 어두울 때 오시든지, 폭풍이 몰아칠 때 오시든지, 혹 물결이 출렁이는 바다 위를 걸어 오시든지 상관하지 않고, 나는 이 복된 결심을 버리지 않을 것입니다. 나의 삶 전부를 주님께 완전히 의탁합니다."

요나서에서 우리는 요나가 경험했던 모든 일들이 하나도 빠짐없이 하나님의 손에서 이루어진 사실을 봅니다. 요나가 배를 타고 외국으로 도망치고 있을 때 폭풍을 보내신 분이 바로 하나님이셨습니다. 고래를 움직여 요나를 삼키게 하시고 또한 어느 지점에서 그를 뱉어내도록 하신 분도 하나님이셨습니다. 태양이 강렬하게 내리쬘 때, 요나가 통회하기까지 뜨거운 동풍을 불게 하신 분도 하나님이셨습니다. 박넝쿨을 자라게 하시고, 벌레로 하여금 그것을 갉아먹게 하시며, 바닷바람으로 그 넝쿨을 쏜살같이 시들게 하신 분도 하나님이셨습니다. 그러므로 우리가 주변의 모든 생활 환경, 모든 안락, 그리고 모든 시련이 그리스도 안에 계신 하나님께로부터 나오지 않았다고 말할 수 있겠습니까? 그분 외에는 누구도 우리의 머리카락 한 올이라도 건드릴 수 없습니다. 날카로운 검이 나를 위협할 수 없고, 뜻하지 않은 환난이 나를 두를 수 없습니다. 만사는 다 예수님으로부터 말미암는 것입니다. 나의 생애가 그분의 손안에 있으므로, 나는 아무것도 염려할 필요가 없습니다. 나는 예수님이 주시는 것으로 만족할 뿐입니다.

하나님은 보디발의 전토, 곧 눈에 보이는 삶을 축복해 주셨습니다. 하나님은 당신에게도 이같이 축복하실 것입니다. 당신은 사람들과의 관계 속에서 복된 자가 될 것이고, 또한 거룩하고 겸손하며 품위 있고 조용한 태도를 통해 다른 사람들을 위로하는 자가 될 것이며, 항상 사랑 안에서 다른 사람들을 기꺼이 섬기고 도와주어 하나님의 영이 당신 안에서 이루시는 일들을 확연히 드러내는 자가 될 것입니다. 나의 형제 자매여, 우리는 하나님이 예수님께 완전히 헌신한 자에게 어떤 축복을 내려 주실지 짐작조차 할 수 없습니다. 하나님은 예수님 외에 그 무엇도 기뻐하시지 않습니다. 하나님은 예수님을 무한정 기뻐하십니다. 하나님은 우리 안에서 예수님 외에는 그 무엇도 보고 싶어하시지 않습니다. 우리가 온 마음과 삶을 예수님께 바치고 "나의 하나님, 오직 제 안의 예수님만 보시옵소서"라고 말한다면, 그때에야 비로소 아버지 하나님께 가장 합당한 제사를 드리는 것입니다. 믿는 자여, 이제 오십시오. 당신의 모든 고민과 자기 노력과 자기 과신을 떨쳐버리고 오십시오. 와서 복되신 하나님의 아들에게 모든 것을 드리십시오.

■ ■ ■ 지속적인 순종

마지막으로 살펴볼 문제는 지속적인 순종에 관한 것입니다. 저는 이것을 특히 강조하고 싶습니다. 왜냐하면 많은 경우 지속적인 순종이 잘 이루어지지 않기 때문입니다. 어떤 사람들은 순종의 큰 기쁨과 즐거움을 잠시 경험합니다. 그러나 곧 시들해지고, 몇 주 혹 몇 달이 지나면 모든 것이 과거 이야기가 되고 맙니다. 순종을 완전히 포기하지 않은 사람들도 이것이 때때로 사라졌다가 다시 생기곤 한다고 불평합니다. 그들은 이렇게 말합니다. "나는 하나님께 순종한 뒤로 많은 복을 받았습니다. 하지만 항상 똑같은 수준으로 순종할 수는 없더군요." 보디발은 어떻게 했습니까? 4절을 보십시오. "그가 요셉을 가정 총무로 삼고 자기의 소유를 다 그의 손에 위탁하니." 얼마나 단순합니까! 그는 자기 소유를 요셉의 손에 모두 위탁했습니다.

하나님의 자녀들이여, 당신이 이러한 수준에 이르러 "제 모든 소유를 영원히 예수님의 손에 맡깁니다"라고 말할 때, 비로소 당신은 이것이 얼마나 복된 일인지 깨닫게 될 것입니다. 보디발은 전심으로 전력을 다해야 왕이 맡기신 일을 해낼 수 있다는 사실을 알고 있었습니다. 물에 빠진 사람을 구할 때, 우리는 한 손만 그에게 내밀고 나머지 한 손은 다른 것을 그냥 꽉 붙들고 서 있을 수도 있습니다. 하지만 어떤 사람이 그에게 두 손을 모두 내민다면, 이것은 참으로 위대한 일입니다. 바로 이런 사람이 예수님께 모든 것 – 모든 내적 생활, 모든 관심, 그리고 모든 근심 – 을 위임한 사람이요, 하나님의 뜻을 이루기 위해 자기 자신을 완전히 포기한 사람입니다. 예수님의 손에 모든 것을 맡기지 않겠습니까?

유혹이 찾아올 것을 알고 있으므로 저는 이것을 강조하지 않을 수 없습니다. 예상되는 한 가지 유혹은, 순종할 때 품고 있던 감정이 사라질지 모른다는 것, 즉 시간이 지나면서 감정이 흐릿해질지도 모른다는 것입니다. 또 한 가지는 주변 환경들이 당신을 유혹할지 모른다는 것입니다. 사랑하는 친구여, 유혹은 찾아올 것입니다. 하지만 하나님은 오히려 당신을 이롭게 하는 데 이것을 사용하실 것입니다. 모든 유혹이 당신을 축복으로 인도할 것입니다. 우리는 반드시 이 사실을 이해하고 있어야 합니다. 모든 것을 예수님께 맡겨야 하며 예수님이 모든 것을 주장하셔야 한다는 교훈을 배우십시오. 예수님께 모든 것을 위임하십시오.

그러나 오늘이나 어느 하루, 우리가 아주 강력하고 능력 있게 순종을 한다고 해서, 그 일회적인 순종으로 말미암아 당신의 만사가 형통하리라고 생각한다면 이것은 큰 오산입니다. 하나님이 당신을 잠자리에서 새롭게 일으키시는 매일 아침, 당신은 마음과 생명과 가정과 모든 일을 예수님의 손에 맡겨야 합니다. 예수님이 "내 아들 딸아, 오늘도 모든 것이 안전하다. 내가 책임지겠다"라고 확실하게 말씀하실 때까지, 기도 가운데 잠잠히 그분을 기다리십시오. 그러면 그분이 매일 아침 당신에게 새로운 복을 내려 주실 것이고, 당신은 매일매일 모든 것을 예수님의 손에 위탁하는 은혜를 누릴 수 있습니다.

참 신자들 가운데 예수님께 모든 것을 맡기는 것이 자기 의무라는 사실을 지금까지 한 번도 깨달은 적이 없는 사람들도 있을 것입니다. 사랑하는 친구여, 저는 하늘에 계신 아버지로부터 다음과 같은 메시지를 받아 들고 당신에게 왔습니다. 혹 이것을 다 이해하지 못할지라도 이 말을 받아들이고 입술로 이렇게 고백하십시오. "예수님, 저는 예수님을 온전한 주인으로 모시겠습니다. 그리고 주님이 저를 어떻게 변화시켜 주실지, 그리고 제가 무슨 일을 하기 원하시는지 가르쳐 주실 때까지 주님의 발아래에서 기다리겠습니다."

저는 이미 이렇게 순종한 적이 있고, 여기서 더 나아가 이것을 철저하고 완벽하게 행하기를 간절히 열망하는 신자들에게 이렇게 말하고 싶습니다. "하나님의 자녀여, 당신은 이러한 소원을 이룰 수 있습니다. 왜냐하면 성령님이 다음 한 가지 목적을 위해 하늘로부터 강림하셨기 때문입니다." 성령님은 예수님이 당신의 마음 전부를 얼마나 온전히 소유하실 수 있는지 보여주심으로써 당신 속에서 예수님을 영화롭게 하시기 위해 오셨습니다. 성령님이 예수님을 당신의 삶 속에 모셔와서 당신의 삶 전체가 예수님의 영광으로 찬연히 빛나게 하심을 믿으십시오. 당신만 준비된다면, 아버지 하나님이 성령님으로 말미암아 이러한 삶을 당신에게 주실 것입니다. 부디 다음과 같은 기도와 응답으로 하나님께 대한 헌신을 확증하시기 바랍니다.

"하나님 아버지, 하실 수 있는 대로 그리스도로 저를 충만히 채워 주시옵소서."

"내 아들 딸아, 네가 소원하는 만큼 충만히 그리스도를 소유하게 될 것이다. 내 아들이 내 자녀들의 마음에 거하는 것이 내 기쁨이기 때문이다."

9. 그리스도와 함께 죽는다는 것은

내가 그리스도와 함께 십자가에 못 박혔나니(갈 2:20).

개정역(Revised Version. 히브리, 헬라어 원문을 직역한 흠정역의 개정판)은 위의 본문을 이렇게 번역하고 있습니다. "내가 이미 그리스도와 함께 십자가에 못 박혔으니." 이와 관련하여 문자 그대로 그리스도와 함께 십자가에 못 박혔던 사람의 이야기를 살펴보는 것이 유익할 것입니다. 우리는 그리스도의 지상 사역과 관련된 모든 이야기를 그분의 영적 사역으로 이해하고 있습니다. 이런 맥락에서 누가복음 23장 39-43절에 나오는 회개한 강도의 이야기를 살펴봅시다. 그 강도는 그리스도와 함께 십자가에 못 박힌 자로서 사는 법을 가르쳐 주고 있습니다. 바울은 "내가 그리스도와 함께 십자가에 못 박혔나니"라고 말하고 나서, 다시 "내게는 우리 주 예수 그리스도의 십자가 외에 결코 자랑할 것이 없으니 그리스도로 말미암아 세상이 나를 대하여 십자가에 못 박히고 내가 또한 세상을 대하여 그러하니라"^(갈 6:14)고 말했습니다.

진심으로 "어떻게 해야 자아의 삶에서 벗어날 수 있습니까?"라고 묻는 질문을 많이 듣습니다. 그 대답은 한 가지, "다른 삶을 취하라"는 것입니다. 우리는 우리에게 임하신 성령님의 능력에 대해 자주 말합니다. 하지만 저는 우리가 성령님이 이기적이고 육적이며 세상적인 삶을 추방하기 위해 오신 천국의 삶이라는 사실을 충분하게 깨닫고 있는지 의심스럽습니다. 그 사실을 온전히 이해하기까지 우리는 결코 참된 안식을 얻지 못할 것입니다.

■ ■ ■ 그리스도와 함께 죽는 것의 의미

하나님의 말씀은 우리를 그리스도의 십자가로 인도하고 우리에게 그리스도가 죄를 위하여 죽으셨다고 가르칩니다. 이것이 무엇을 의미하는지 우리는 알고 있습니다. 예수님은 우리의 죄를 사해 주시려고 우리가 죽지 못할 죽음, 죽을 수 없는 죽음, 그리고 죽을 필요가 없는 죽음을 죽으셨습니다. 그분은 죄를 위해 그리고 우리를 위해 죽으셨습니다. 그런데 무엇이 예수님의 죽음에 속죄의 능력을 부여했을까요? 그것은 육체적인 고통이나 외형적인 죽음의 행동이 아니라 예수님이 십자가를 진 정신 때문입니다. 그러면 그 정신이란 무엇입니까? 바로 이것입니다. 예수님은 죄에 대하여 죽으셨습니다. 죄는 그분을 유혹했고 둘러쌌으며 "나는 죽을 수 없다"라고 말할 지경으로까지 이끌었습니다. 겟세마네 동산에서 예수님은 "아버지여 만일 할 만하시거든 이 잔을 내게서 지나가게 하옵소서"(마 26:39)라고 애원하셨습니다. 그러나 그분은 죄에 굴복하지 않으시고 자기의 생명을 버리셨습니다. 하나님, 찬양을 받으시옵소서! 예수님은 죄에 대하여 죽으셨고, 죽으심으로써 승리하셨습니다. 우리는 그리스도처럼 죄를 위하여 죽을 수 없습니다. 그러나 그리스도처럼 죄에 대하여 죽을 수 있고 또 죽어야 합니다. 그리스도는 우리를 위해 죽으셨습니다. 그런 면에서 그분은 독자적입니다. 그분은 죄에 대하여 죽으셨습니다. 이 부분에서 우리는 그분과 하나입니다. 우리는 십자가에 못 박혔고 죽었습니다.

여기에 제가 당신에게 소개하고 싶은 바로 그 위대한 주제가 있습니다. 그리스도와 함께 죽는다는 것은 무슨 뜻이며, 우리는 어떻게 그리스도와 함께 죽을 수 있을까요? 그리스도가 위대하신 이유는 그분의 죽음과 관련이 있습니다. 예수님은 지상에 내려가서 목숨을 버리라는 아버지 하나님의 명령을 좇아 영원으로부터 오셨습니다. 그분은 이 일에 전념하셨고 예루살렘을 향해 첫걸음을 떼셨습니다. 그분은 죽음을 택하셨고, 이 땅에서 사시는 동안 이 죽음을 준비하셨습니다. 예수님의 죽음은 구속의 능력입니다. 그분은 죽음으로 말미암아 죄를 이기셨고, 부활과 새 생명과 높아지심과 영원한 영광을 얻으셨습니다. 그리스도의 위대한 특징은 바로 이 죽음에 있습니다. 심지어 천국 보좌에서도 그분은 죽임을 당하신 하나님의 어린 양으로 계시며, 천사들도 영원토록 "죽임을 당하신 어린 양은 … 찬송을 받으시기에 합당하도다"(계 5:12)라고 노래할 것입니다.

사랑하는 형제 자매여, 당신의 보아스, 당신의 그리스도, 모든 면에서 충만한 능력을 지니신 당신의 구주는 죽음을 자기의 주된 특징과 가장 큰 영광으로 삼고 있는 분입니다. 당신이 신부로서, 신랑이신 그리스도의 아내로서 그분과 함께 살기를 원한다면, 당신은 예수님의 상태, 그분의 정신, 그분의 위치를 공유해야 하고 그분처럼 되어야 합니다. 그리스도가 우리를 위해 베푸실 수 있는 충만한 능력을 진심으로 체험하기 원한다면, 우리는 그리스도와 함께 죽기를 배워야 합니다.

그러나 저는 "우리가 그리스도와 함께 죽기를 배워야 한다"고 말하기보다는 오히려 "우리가 그리스도와 함께 죽은 자인 것을 알아야 한다"라고 말하는 편이 더 적합하리라고 생각합니다. 로마서 6장의 영광스러운 주제도 바로 이것입니다. 로마 교회의 모든 신자들에게, 다시 말해 몇몇 신자들이나 신앙심 높은 신자들에게가 아니라, 아무리 연약한 자일지라도 로마 교회에 속해 있는 자라면 바울은 "너는 그리스도와 함께 죽은 자이다"라고 가르쳤습니다. 이러한 사실에 근거하여, 바울은 "너희도 너희 자신을 죄에 대하여 죽은 자로 여길지어다"라고 말했습니다.

▪▫▫ 죄에 대하여 죽는다는 것

죄에 대하여 죽는다는 것은 무슨 의미입니까? 아담의 예를 통해 이것을 가장 분명하게 깨달을 수 있습니다. 그리스도는 두 번째 아담이 셨습니다. 그러면 첫 번째 아담 안에서 무슨 일이 일어났습니까? 우리 는 첫 번째 아담 안에서 죽었습니다. 우리는 하나님께 대하여 죽었고, 죄로 죽었습니다. 우리는 태어날 때부터 아담의 생명을 보유하고 있었 습니다. 즉, 우리는 아담이 타락한 이후 갖게 된 바로 그 생명의 모든 특징을 갖고 태어난 것입니다. 아담은 하나님께 대하여 죽었고, 죄로 죽었습니다. 그리고 우리는 이러한 아담의 생명을 물려받아서, 그와 똑 같이 죄로 죽고 하나님께 대하여 죽은 상태에 있었습니다.

그러나 예수님을 믿게 된 바로 그 순간, 우리는 태어나면서 첫 번 째 아담과 연합되었던 것과 같이 두 번째 아담이신 그리스도와 연합이 되었습니다. 우리는 그리스도의 생명에 참여하는 자가 되었습니다. 그 러면 이것은 어떤 생명입니까? 갈보리 언덕에서 죄에 대하여 죽었던 생명이요 다시 부활했던 생명입니다. 그리하여 하나님은 사도의 입을 빌어 우리에게 "너희도 너희 자신을 죄에 대하여는 죽은 자요 그리스도 예수 안에서 하나님께 대하여는 살아 있는 자로 여길지어다"(롬 6:11)라고 말씀하셨습니다. 이것을 진리로 받아들이십시오. 이것을 말씀하신 분이 바로 하나님이시기 때문입니다. 그리스도와 생생한 연합을 이룬 덕분에, 우리의 새로운 본성은 실제적이고도 철저하게 죄에 대해서 죽었습니다.

하나님이 우리에게 주신 참된 그리스도, 우리를 위하여 돌아가신 참된 그리스도를 받고자 한다면, 우리는 그분의 죽음과 부활의 능력 안에 거해야 합니다. 그러나 대부분의 그리스도인들이 바울 사도가 로마의 교인들에게 전한 로마서 6장의 교훈을 잘 이해하지 못합니다. 그들은 자신이 죄에 대하여 죽은 자라는 사실을 모릅니다. 이것을 모르는 자들에게 바울 사도는 이렇게 교훈합니다. "무릇 그리스도 예수와 합하여 세례를 받은 우리는 그의 죽으심과 합하여 세례를 받은 줄을 알지 못하느냐"(3절). 그리스도 안에서 죄에 대하여 죽은 우리가 어떻게 더 이상 죄 가운데서 살 수 있겠습니까? 우리는 진실로 그리스도가 우리 안에 이루어 주신 죽음과 생명을 갖고 있습니다.

그러나 애석하게도 대부분의 그리스도인들이 이 사실을 모르고 있습니다. 따라서 이것을 체험하거나 실천하지 못하고 있습니다. 우리는 갈보리에서 그리스도에게 무슨 일이 일어났으며 또한 우리가 그리스도와 연합되었을 때 무슨 일이 일어났는지를 바로 인식하고 깨달아야 합니다. 이것이 가장 중요하고 시급한 일입니다. 그리고 나서 이러한 것을 미처 깨닫기 전일지라도 "그리스도 안에서 나는 죄에 대하여 죽은 자이다"라는 고백을 시작해야 합니다. 이것은 명령입니다. "너희 자신을 죄에 대하여는 죽은 자로 여길지어다." 그리스도와의 연합을 깨닫고, 당신 안에 있는 새로운 본성, 그리스도에게서 받은 그 신령한 생명, 죽었다가 다시 살아난 그 생명을 믿으십시오.

▪▪▪ 왕이면 왕답게, 죽은 자면 죽은 자답게

사람의 행동은 언제나 자기의 신분 의식과 일치합니다. 왕은 왕답게 행동합니다. 그렇게 하지 않으면, 사람들은 "저 왕은 자기 신분을 잊은 모양이야" 하고 말할 것입니다. 그러나 자기가 왕인 것을 알고 있는 사람은 왕답게 행동할 것입니다. 이와 같이 "나는 그리스도 안에서 죽은 자가 된 것을 하나님께 감사드린다. 그리스도가 죄에 대하여 죽으셨고 나는 그분과 연합되었으며 그분이 내 안에 살고 계시기 때문에, 나도 죄에 대하여 죽은 자이다"라는 사실을 날마다 충분히 인식하지 못한다면, 우리는 결코 참된 신자로서의 삶을 살 수 없습니다.

그리스도가 우리 안에서 살고 계신 삶이란 어떤 것입니까? 이 질문에 답하기 전에, 먼저 아담이 우리 안에서 살고 있는 삶이란 어떤 삶인가를 살펴보는 것이 유익할 것입니다. 아담은 우리 안에서 죽음의 삶, 즉 죄와 사망의 권세 아래 있는 삶, 하나님께 대하여 죽은 삶을 살고 있습니다. 아담은 나면서부터 회개하지 않은 자로서 우리 안에서 살고 있습니다. 그런데 그리스도, 두 번째 아담이 새로운 삶을 가지고 우리를 찾아오셨습니다. 그리하여 이제 우리는 그분의 삶, 그리스도의 죽음의 삶을 살게 되었습니다.

그러나 우리가 이것을 깨닫지 못한다면, 이것이 우리 안에 있을지라도, 우리는 이것을 따라 행할 수 없습니다. 이것의 의미를 깨닫고 순종하는 마음으로 "나는 하나님이 말씀하신 것을 행하겠습니다. 나는 죽은 자입니다. 나는 스스로를 죽은 자로 여깁니다"라고 말하기 시작할 때, 비로소 새로운 삶에 들어갑니다. 하나님을 찬양합시다! 하나님의 영원하신 말씀을 힘입고, 그리스도와 연합된 사실과 갈보리에서 일어난 그 위대한 사건에 참여한 사실에 근거하여, 당신 자신을 진실로 죄에 대하여 죽은 자로 여기십시오. 신자는 이 진리를 알아야 합니다. 이것이 첫걸음입니다.

▪▪▫ 믿기만 하라

두 번째로 자신이 죄에 대하여 죽었다는 사실을 믿음으로 받아들여야 합니다. 그러면 그 다음에는 무슨 일이 일어납니까? 우리가 이 사실을 믿음으로 받아들일 때, 우리에게는 갈등과 고통스러운 체험이 찾아옵니다. 왜냐하면 믿음이 아직 매우 연약하기 때문입니다. 우리는 이렇게 묻기 시작합니다. "내가 죄에 대하여 죽은 자라면, 왜 나는 이렇게 많은 죄를 범하는 것일까?" 하나님의 대답은 간단합니다. 이러한 죽음의 능력을 우리 안에서 적용시켜 주시는 분이 성령님이신데, 우리가 이것을 허락하지 않았기 때문입니다. 우리에게 필요한 것은 성령님이 예수님의 죽음과 삶을 우리 안에 불어넣어 주시기 위해 하늘로부터, 즉 영화로우신 예수님께로부터 내려오셨다는 사실을 깨닫는 것입니다. 다음의 두 가지 사실은 밀접하게 연결되어 있습니다. 그리스도는 죽으셨습니다. 즉 그분은 죄에 대하여 죽으셨습니다. 그리고 그리스도는 사셨습니다. 즉 그분은 하나님께 대하여 사셨습니다. 그리스도 안에서 죽으심과 살아나심은 서로 분리할 수 없습니다.

이와 같이 우리 안에서도 그리스도 안에서 하나님께 대하여 살아난 것과 죄에 대하여 죽은 것은 분리할 수 없습니다. 바로 이것이 성령님이 우리에게 가르쳐 주시고 우리 안에서 이루려고 하시는 일입니다. 우리가 성령님으로 말미암아 그리스도를 믿음으로 받아들이고 그분께 자신을 다 드린다면, 그리스도가 계속 우리를 맡아주시고 매일 그분의 죽으심과 살아나심에 연합하는 능력을 충만히 우리 속에 나타내 주실 것입니다. 어떤 사람들에게 이것은 한순간 큰 능력과 축복으로 찾아옵니다. 그들은 단번에 이것을 깨닫고 받아들이며 이러한 삶으로 들어가고 신령한 체험을 통해 죄에 대하여 죽은 자가 됩니다. 하지만 예수님의 죽으심과 살아나심에 연합하는 체험을 했다고 해서 죄의 경향이 뿌리째 뽑히지는 않습니다. 결코 그렇지 않습니다. 단지 그리스도의 죽으심의 능력이 죄로부터 사람을 떼어 놓는다는 의미입니다. 그분의 죽으심의 능력이 죄의 권세를 꺾으시는 것입니다. 그리고 그리스도의 죽으심의 능력은 성령님이 육체의 행동들을 끊임없이 정화시키심으로 나타나게 됩니다.

어떤 사람들은 아직도 성장이 필요하냐고 묻습니다. 의심할 바 없이 그렇습니다. 성령님으로 말미암아 신자는 이제 그리스도의 죽으심에 참여하여 점점 더 깊이 있게 살아가고 성장하기 시작합니다. 짐작도 못했던 영역에서 새로운 일들이 그에게 밀려옵니다. 때로 성령의 충만도 경험합니다. 그런데 이상하게도 그에게 여러 가지 결함들이 나타납니다. 왜 그렇습니까? 우리 마음이 죄를 완전히 발견하는 데 충분히 준비되지 않았기 때문입니다. 아직도 자만이나 자의식, 앞서려는 마음, 혹은 그동안 의식하지 못했던 이와 비슷한 성질의 결함들이 남아 있기 때문입니다. 성령님이 항상 이러한 잘못들을 한꺼번에 쫓아 주시는 것은 아닙니다. 진실로 그렇지 않습니다. 복된 삶으로 들어가는 길은 여러 갈래입니다. 어떤 사람은 봉사의 능력을 깨닫고 이 복된 삶으로 들어갑니다. 또 어떤 사람은 근심과 곤고함에서 벗어나는 안식을 깨닫고 이러한 삶으로 들어갑니다. 또 다른 사람은 죄로부터의 구원을 깨닫고 이러한 길로 들어섭니다. 그 모든 영역에는 상당한 한계가 있습니다. 그러므로 모든 신자는 그리스도의 죽으심의 능력을 깨달은 후에, 자기 자신을 완전히 주께 맡기고 계속해서 "주 예수님, 당신의 죽으심의 능력을 충만히 나타내 주옵소서. 그것이 나의 모든 존재에 면면히 흐르게 하여 주옵소서"라고 기도해야 합니다. 신자가 자신을 완전히 맡길 때, 십자가에 못 박힌 자로서의 특징들을 차츰차츰 지니게 될 것입니다.

■ ■ ░ 십자가에 못 박힌 사람의 특징

바울 사도는 "내가 십자가에 못 박혔나니"라고 말했습니다. 그는 십자가에 못 박힌 사람으로 살았습니다. 십자가에 못 박힌 사람의 특징들은 무엇입니까? 첫 번째 특징은 깊고 절대적인 겸손입니다. 그리스도는 자기를 낮추셨고 십자가에 달려 죽기까지 복종하셨습니다. 죄에 대한 죽음이 능력 있게 발휘되기 시작한다는 중요하고도 가장 복된 증거들 가운데 한 가지가 바로 이 겸손일 것입니다. 겸손은 자신을 아래로 끌어내립니다. 그리하여 이러한 소원을 품게 될 것입니다. "내가 하나님 앞에서 더욱 낮아지고 전혀 무가치하게 될 수만 있다면, 그리고 오직 그리스도의 삶만 높아질 수 있다면 얼마나 좋을까! 나는 단지 저주받은 십자가일 뿐이다. 나는 그 십자가에 모든 것을 다 드렸다." 겸손은 십자가에 못 박힌 자의 두드러진 특징 가운데 하나입니다.

또 다른 특징은 무력함입니다. 십자가에 달린 사람은 완전히 무력합니다. 그는 아무것도 할 수 없습니다. 그리스도인들이 강한 상태에 머물러 있는 한, 무엇이든 할 수 있고 힘을 쓸 수 있는 그리스도의 복된 삶으로 들어가지 못할 것입니다. 그러나 "나는 십자가에 못 박힌 사람이다. 나는 완전히 무기력하다. 생명과 힘의 모든 호흡은 오직 예수님께로부터 와야만 한다"라고 말할 때, 우리는 비로소 무력하게 된다는 것이 무엇을 의미하는지 깨닫게 되고 "나는 아무것도 아닙니다"라고 말하게 될 것입니다.

십자가에 못 박힌 사람의 세 번째 특징은 안식입니다. 그리스도는 십자가에 못 박히셨고 무덤에 내려가셨습니다. 그리고 우리도 그분과 함께 십자가에 못 박혔고 장사되었습니다. 무덤처럼 쉬기 좋은 장소도 없을 것입니다. 그곳에서는 아무 일도 할 수 없습니다. "내 몸이 편안히 쉴 수 있습니다"(시 16:9, 쉬운성경). 이것은 다윗, 곧 장차 오실 메시아의 말입니다. 그렇습니다. 사람이 예수님의 무덤으로 내려간다는 것은 다음과 같은 고백을 의미합니다. "나에게는 오직 하나님만 계십니다. 나는 하나님만을 의지합니다. 하나님만 바라고 있습니다. 나의 육체는 그분 안에서 쉼을 얻습니다. 하나님이 내게 행하실 일들을 기다리면서, 내 모든 것을 맡기고 안식을 누리고 있습니다."

기억하십시오. 십자가와 죽음과 장사 지냄은 분리될 수 없는 한 가지 사실입니다. 또한 다음 사실도 기억하십시오. 무덤은 하나님의 전능하신 부활의 능력이 나타나는 장소입니다. 요한복음 11장에는 이러한 질문이 나옵니다. "내 말이 네가 믿으면 하나님의 영광을 보리라 하지 아니하였느냐"(40절). 예수님이 언제 이 말씀을 하셨습니까? 바로 나사로의 무덤에서였습니다. 우리는 어디에서 하나님의 영광을 가장 극명하게 볼 수 있습니까? 바로 무덤입니다. 믿는 마음을 가지고 죽음으로 내려가십시오. 그러면 하나님의 영광이 당신의 마음을 가득 채워 줄 것입니다.

사랑하는 친구여, 우리는 죽기를 원합니다. 안식, 평화, 그리고 우리의 위대한 보아스의 축복(룻 2:12) 안에 거하기를 진심으로 원한다면, 기쁨과 열매 있는 삶, 능력과 승리의 삶을 살기를 원한다면 우리의 삶의 고백은 틀림없이 이러할 것입니다. "나는 십자가에 못 박힌 사람입니다. 나는 죄밖에 가진 것이 없는 사람이지만, 그럴지라도 죽으셨다가 살아나신 영원하신 예수님이 내 영혼의 생명이 되어 주십니다. 하나님, 찬양을 받으시옵소서."

■ ▪ ▫ 십자가에 참여하는 삶

그러면 우리는 어떻게 십자가에 참여할 수 있습니까? 참회한 강도의 이야기에서 그 한 예를 볼 수 있습니다. 예수님의 죽음에 임박하여 도마는 "우리도 주와 함께 죽으러 가자"(요 11:16)고 말했고, 베드로는 "주여 내가 주와 함께 옥에도, 죽는 데에도 가기를 각오하였나이다"(눅 22:33)라고 말했습니다. 그러나 제자들은 모두 실패했습니다. 그리하여 주님은 자신과 함께 갈보리의 십자가에 달린 강도 하나를 취하시고, 베드로와 다른 모든 사람들에게 "내가 너희에게 나와 함께 죽는다는 것이 무엇을 말하는지 보이리라"고 말씀하셨습니다. 주님은 오늘도 가장 연약하고 가장 비천한 사람들에게 이렇게 말씀하십니다. "네가 나와 함께 죽음에 들어간다는 것이 무엇을 의미하는지 진정으로 알기 원한다면, 와서 이 참회한 강도를 보라."

참회한 강도의 특징 – 죄의 자백

참회한 강도는 무엇을 보여줍니까? 무엇보다도 그는 그리스도와 함께 죽을 준비가 되어 있었습니다. 참회한 강도는 겸손하고 진실한 죄의 고백을 했습니다. 거기서 그는 저주받은 나무에 달려 있었고, 군중들은 그의 곁에 있는 자에게 독설을 퍼붓고 있었습니다. 그러나 그는 공개적으로 다른 강도와 자신에 대해 "우리는 우리가 행한 일에 상당한 보응을 받는 것이니"(눅 23:41)라고 자백하기를 부끄러워하지 않았습니다. 그리스도의 교회가 그리스도의 죽음에 들어가는 일이 그토록 미미한 이유 중 하나가 바로 여기에 있습니다. 사람들은 그리스도와 함께 십자가에 못 박히지 않은 자기 안에 있는 모든 것 위에 하나님의 저주가 임한다는 사실을 믿고 싶어하지 않습니다. 사람들은 죄로 오염되었다는 사실과 저주가 그 모든 것 위에 임한다는 사실을 이해하지 못합니다.

우리의 지성, 이것도 죄로 오염되어 있습니까? 두렵게도 그렇습니다. 그리고 그 위에 죄의 저주가 머물러 있습니다. 그러므로 우리의 지성은 죽음으로 내려가야 합니다. 저는 오늘날 그리스도의 교회가 다른 무엇보다도 지성, 명철, 문화, 그리고 지적 교양에 의존함으로써 더 많은 고통을 겪고 있다고 생각합니다. 세상의 영이 교회 안으로 들어왔고, 그리하여 사람들은 자기들의 지혜와 지식으로 복음을 거들려고 노력하고 있습니다. 하지만 결과적으로 그들은 복음에서 그 십자가형(刑)의 자국을 지우고 있습니다. 그리스도는 바울에게 가서 십자가의 복음을 전파하되 그것을 사람의 지혜로 하지 말라고 명하셨습니다.

죄의 저주는 본성의 모든 부분에 임해 있습니다. 설교하기를 즐거워하고 자기의 모든 최선을 다하며 이러한 재능과 사고를 계발하는 데 전심전력하는 목사가 있다고 합시다. 그가 만일 "이것도 무덤으로 내려가야 합니까?"라고 묻는다면, 저는 "형제여, 그렇습니다. 전인(全人)이 십자가에 못 박혀야 합니다"라고 대답할 것입니다. 마음의 사랑도 마찬가지입니다. 어머니에 대한 아이의 사랑보다 더 아름다운 것이 어디 있겠습니까? 그러나 이 사랑스러운 본성에도 거룩하게 되어야 할 부분이 있습니다. 그러므로 인간의 사랑도 죽음에 내려가야 합니다. 그러면 하나님이 그 사랑을 거룩하게 해주시고 하나님 앞에서 살 수 있도록 만들어 주신 후에, 죽었던 사랑을 일으키시고 다시 되돌려 주실 것입니다. 우리는 삶 전체를 이렇게 다루어야 합니다.

사람들은 종종 제게 이런 질문을 합니다. "그러나 하나님은 모든 만물을 아름답게 창조하셨고, 따라서 우리가 그것들을 누려야 옳지 않을까요? 하나님의 선물은 모두 선하지 않습니까?" 옳습니다. 하지만 우리는 또한 그것들이 하나님의 말씀과 기도로 거룩하게 될 때에만 선하다는 사실을 기억해야 합니다. 죄의 저주가 그것들 위에 머물러 있습니다. 그토록 아름다운 삼라만상 위에 죄의 병인(病因)이 깃들어 있습니다. 그것들을 거룩하게 하는 데에는 하나님의 말씀과 기도가 많이 필요합니다. 어떤 일을 죽기까지 포기하기란 매우 어렵습니다. 특히 자기의 삶을 포기하는 것은 더더욱 어렵습니다. 삶의 모든 것이 죄로 물들어 있다는 사실을 깨달을 때까지는 이것을 결코 포기하지 못할 것입니다. 당신의 삶을 죽음에 내려보십시오. 이렇게 하는 것이 삶의 모든 부분을 소생시키고 거룩하게 만들 수 있는 유일한 길입니다.

참회한 강도는 자기의 죄를 자백하고 자기는 죽어 마땅한 인간이라고 고백했습니다. 그러고 나서 그는 그리스도의 전능하신 능력에 대한 놀라운 믿음을 나타냈습니다. 성경에서 이에 필적할 만한 예는 찾아보기 어렵습니다. 나사렛 예수와 함께 매달려 있던 이 저주받은 악인은 용기를 내어 이렇게 말했습니다. "우리는 우리가 행한 일에 상당한 보응을 받는 것이니 이에 당연하거니와 … 예수여 당신의 나라에 임하실 때에 나를 기억하소서"(눅 23:41-42).

우리가 그리스도의 전능하신 능력을 믿을 수 있다면 얼마나 좋겠습니까! 참회한 강도는 그리스도가 왕이시며 왕국을 소유하고 계시다는 사실을 믿었습니다. 이와 더불어 그는 그리스도가 자기를 붙들어 주시며 마음 가운데 받아들여 주셔서 그분의 나라에 임하실 때 자기를 기억해 주실 것을 믿었습니다. 그것을 믿은 후에, 강도는 죽었습니다. 형제 자매여, 우리는 그리스도의 능력을 훨씬 더 광범위하게 그리고 깊이 있게 믿을 수 있는 데 충분한 시간을 들여야 합니다. 그러면 전능하신 그리스도가 우리 속에 그분의 죽음의 능력을 나타내주시고 우리를 팔로 붙들어 주시며 우리를 이러한 죽음의 삶으로 인도해 주실 것입니다.

그러나 매일 매시간 그리스도와 개인적으로 연합하지 않는다면, 우리는 이러한 삶을 살 수 없습니다. 그리스도는 이 일을 하셔야 하며 또한 이 일을 하실 수 있습니다. 그러므로 이렇게 말하십시오. "그리스도는 전능하신 분이십니다. 그분은 자신의 보좌에서 내려오셨습니다. 그분은 자기의 전능하심을 입증하셨습니다. 그리고 아버지 하나님도 그리스도가 죽은 자 가운데서 부활하셨을 때 이것을 입증해 주셨습니다." 그리고 이제 그리스도는 보좌 위에 계십니다. 당신은 그리스도가 십자가 위에 계실 때에 저 흉악한 강도가 했던 일들을 똑같이 행하고, 또한 그분과 함께 죽은 자로서 살기 위해 그분께 자기 자신을 맡기기를 두려워하고 있지 않습니까? 그리스도는 자신이 이루신 모든 과정을 당신 안에서 이루어 주실 것입니다. 그분은 평생 매일매일 당신 안에서 자신의 죽음의 사역을 이루실 것입니다.

참회한 강도의 특징 - 기도를 통한 믿음의 고백

참회한 강도에게서 한 가지 사실을 더 살펴보겠습니다. 그것은 다름 아닌 그의 기도입니다. 그에게는 죄에 대한 확신과 믿음이 있었습니다. 하지만 그는 여기서 한 걸음 더 나아가 기도를 통해 자기의 믿음을 고백했습니다. 그는 예수님께로 돌이켰습니다. 그날 마리아와 몇몇 여인들을 제외하고, 온 세상이 그리스도께 등을 돌렸다는 사실을 기억하십시오. 제가 기억하기로, 온 인류 가운데 그리스도께 기도를 드렸던 사람은 오직 그 강도 하나뿐이었습니다. 다른 사람들이 이러한 행동을 할 것이라고 기대하지 마십시오. 이것을 바랄지라도 당신은 그리스도의 교회에서 이러한 사람들을 별로 발견하지 못할 것입니다.

그러므로 당신은 끊임없이 이렇게 기도해야 합니다. "주 예수님, 당신의 죽음의 능력을 제게 주시옵소서." 하나님을 위해, 이러한 기도를 드리십시오. "주님의 능력을 제게도 주시옵소서." 천국의 삶을 살고 싶다면, 당신은 예수님의 능력 안에서 죄에 대하여 죽어야 합니다. 죄에 대하여 죽으신 그리스도의 죽음에 당신의 영혼을 전적으로 맡겨야 하고, 능하신 일을 행하시는 예수님을 당신의 주인으로 받아들여야 합니다.

■ ■ ▨ 친교와 영원한 안식과 축복의 약속

그동안 우리는 강도의 편에서 그의 준비가 무엇이었는지 살펴보았습니다. 그러면 이제 두 번째로 그리스도가 그를 어떻게 만나주셨는지를 살펴봅시다. 그리스도는 아주 놀라운 약속을 해주시면서 그와 만나주셨습니다. "오늘 네가 나와 함께 낙원에 있으리라"(눅 23:43). 이 약속은 다음 세 부분으로 나누어 볼 수 있습니다. "네가 나와 함께 있으리라." 이것은 그리스도와의 친교의 약속입니다. "나와 함께 낙원에 있으리라." 이것은 죄 때문에 추방당했던 낙원에서의 안식, 즉 영원한 안식의 약속을 의미합니다. "오늘 네가 나와 함께 있으리라." 이것은 즉각적인 축복의 약속입니다.

예수님은 이 세 가지 축복을 가지고 우리를 찾아오십니다. 그리고 이렇게 말씀하십니다. "너는 내가 생명 나무를 먹으라고 사람에게 주었던 낙원, 하나님의 낙원에서 매일매일 살기를 바라느냐? 너는 아담이 타락하기 전에 낙원에서 하나님과 나누었던 그 지속적인 사귐을 원하느냐? 지금 내가 아버지 하나님의 사랑 가운데 살고 있는 이곳에 들어와서 나와 온전한 교제를 나누기를 바라느냐? 성령님이 말씀하신 것처럼, '오늘 네가 나와 함께 있으리라!' 너는 나를 가장 열망하느냐? 나는 그보다 더 너를 열망하고 있다. 너는 나와의 사귐을 가장 열망하느냐? 나는 끊임없이 너와의 사귐을 열망한다. 나는 나의 자녀, 너의 사랑으로 흡족하고 싶기 때문이다. 그 무엇도 나와 너와의 사귐을 막을 수 없다. 나는 위대한 대제사장으로서 너를 위해 천국을 맡았다. 그러므로 너는 천국의 삶을 살 수 있고, 가장 거룩한 모든 것에 이를 수 있으며, 그곳에 영원히 거할 수 있다. 오늘 네가 원하기만 한다면, 너는 나와 함께 낙원에 있을 것이다."

하나님께 감사를 드립시다. 참회한 강도의 예수님은 곧 우리의 예수님입니다. 하나님을 찬양합시다. 참회한 강도의 십자가는 곧 우리의 십자가입니다. 복되신 주님과 가장 친밀한 교제를 나누고 싶다면, 우리는 우리의 모든 죄를 자백해야 합니다. 예수님의 공생애 33년 동안, 이 지상에서 참회한 강도만큼이나 하나님의 아들과 놀라운 사귐을 나눈 사람도 없을 것입니다. 그는 하나님의 아들과 함께 영광에 들어갔습니다. 그러면 그가 다른 사람들과 그토록 달랐던 이유는 무엇이었습니까? 그는 예수님과 함께 십자가 위에 있었고, 그분과 함께 낙원에 들어갔습니다. 그렇다면 우리도 예수님과 함께 십자가 위에서 산다면 낙원의 삶을 소유하게 될 것입니다.

예수님이 이러한 약속을 주셨다면, 우리는 무엇을 해야 하겠습니까? 출발하는 것입니다. 배가 떠날 채비를 다 갖추고 부둣가에 단단히 묶여 있으며, 사람들도 선창에 모두 서게 되면, 마지막 경적이 울리고 '출발'이라는 명령이 떨어집니다. 그러면 선원은 즉시 마지막 밧줄을 풀고 배는 움직입니다. 이와 마찬가지로 우리를 지상에, 육적인 생활에, 그리고 자아의 삶에 묶어 놓는 일들이 있습니다. 그러나 오늘 이렇게 말합니다. "네가 예수님과 함께 죽기를 바란다면, 출발하라." 모든 것을 다 알 필요는 없습니다. 이것이 완전히 명료해지지 않을지라도, 또한 마음이 무딘 것 같을지라도 염려하지 마십시오. 예수님은 저 참회한 강도를 죽음에서 생명으로 옮기셨습니다. 강도는 자기가 어디로 가는지 몰랐습니다. 그는 무슨 일이 일어날지 몰랐습니다. 그러나 전능하신 승리자, 우리의 예수님이 그 강도를 자기의 팔로 붙드시고, 무지 가운데 있던 그를 낙원으로 인도하셨습니다.

저는 종종 마음속으로 참회한 강도의 무지(無知)를 생각하며 하나님을 찬양합니다. 그는 앞으로 어떤 일이 일어날지 전혀 알지 못했지만, 그리스도를 신뢰했습니다. 그리고 나도 그리스도와 함께 십자가에 못 박히는 일에 대해서 모든 것을 다 알지는 못합니다. 죄에 대해 죽는 일이나 하나님께 대하여 사는 일, 그리고 마음속에 찾아올 영광 등에 대해 다 알고 있지는 않지만 조금도 염려하지 않고 주님의 약속을 신뢰합니다. 나는 무기력하게 주님의 팔에 나를 맡깁니다. 나는 십자가 위에 늘 머물러 있습니다. 예수님께 모든 것을 맡기고 그분과 함께 죽었으므로, 그분의 인도를 믿을 수 있습니다.

우리도 룻이 시어머니의 지시에 순종하여 보아스, 곧 구속자의 소유가 되기 위해 그의 발아래 자기를 던졌던 것과 같이 행할 수 있는 이 복된 기회를 붙들어야 하지 않겠습니까? 예수님과 개인적인 관계를 맺으며, 각자 세상 앞에서 다음과 같은 명쾌한 고백을 하지 않겠습니까? "주님, 제 삶이 여기 있습니다. 그 안에는 아직도 자아, 죄, 그리고 자기 의지가 많이 남아 있습니다. 하지만 저는 주님께 나아갑니다. 저는 주님의 죽음에 완전히 들어가기를 소원합니다. 주님과 함께 십자가에 못 박혔다는 사실을 충분히 알고 싶습니다. 저는 매일매일 주님의 삶을 살고 싶습니다." 그런 다음 이렇게 말하십시오. "주 예수님, 저는 주님의 영광, 곧 주님의 십자가 곁에 매달려 있던 참회한 강도를 위해 주님이 행하셨던 일들을 알고 있습니다. 저는 주님이 저를 위해서도 그같이 해주시리라고 믿습니다. 주님, 주님의 팔에 제 자신을 온전히 맡깁니다."

10. 성령 안에서 누리는 기쁨

하나님의 나라는 먹는 것과 마시는 것이 아니요
오직 성령 안에 있는 의와 평강과 희락이라(롬 14:17).

로마서 14장 17절에서 우리는 삼위일체 하나님의 사역이 지상에서 어떻게 나타나는지를 보게 됩니다. 먼저 하나님의 나라는 '의' 입니다. 여기서 의는 성부의 사역을 나타냅니다. 성부의 보좌의 기초는 공의와 심판입니다. 이어서 성자의 사역이 나옵니다. 그분은 우리의 평강, 우리의 실로(Shiloh), 우리의 안식이십니다. 하나님의 나라는 '평강' 입니다. 이것은 과거에 대한 용서에서 비롯된 평강일 뿐만 아니라 미래에 대한 완전한 확신에서 나온 평강입니다. 그리스도 안에서 속죄의 사역이 완수된 것처럼, 또한 그 안에서 성화의 사역도 완수되었습니다. 그러므로 우리는 우리를 위해 준비된 것을 받아들일 수 있고 누릴 수 있습니다. 새사람은 이미 창조되었습니다. 그러므로 우리는 그리스도 안에서 우리의 삶을 살 수 있습니다. 일반적으로 나라가 의로 세워지고 통치가 잘 이루어진다면, 온전한 안식이 찾아오게 마련입니다. 평화가 있으면, 즉 대외적으로 전쟁이 없고 대내적으로 내란이 없으면, 그 나라는 복과 번영을 누릴 수 있습니다.

이렇게 의와 평강이 이루어지면, 곧이어 사람들이 누릴 수 있는 '기쁨', 그 복된 행복이 찾아옵니다. "하나님의 나라는 … 오직 성령 안에 있는 의와 평강과 희락이라"(롬 14:17). 성령 안에서 누리는 이러한 기쁨을 감탄만 할 아름다운 것으로나 혹은 아름답게 여길 것으로 생각하지 않고 우리가 주장해야 할 축복으로 생각하게 되기를 빕니다.

■ ■ ■ 하나님의 나라와 우리 사이를 가로막는 판유리, 자아의 삶

유리 안에 탐스러운 과일이나 맛있는 빵을 군침 돌게 진열해 놓은 가게들을 흔히 볼 수 있습니다. 그러한 물건들 앞에는 보통 두껍고 커다란 판유리가 설치되어 있습니다. 그리고 그곳에는 늘상 배가 출출한 꼬마들이 서서 구경을 하면서 군침을 흘리고 있지요. 하지만 그 꼬마들은 그 음식들을 만질 수도 없습니다. 당신이 그 중 하나에게 "얘야,

이 과일을 집어봐라" 하고 말한다면, 그 아이는 당신을 의아하게 쳐다볼 것입니다. 그 꼬마는 이미 자기와 물건들 사이에 무언가가 있다는 사실을 알고 있습니다. 유리가 있는 줄 미처 몰랐다면, 아이는 아마 물건을 집어보려 할 수도 있겠지요. 너무 깨끗한 판유리면 어른들도 순간적으로 착각을 일으켜서 손을 뻗을 때가 있으니까요. 그러나 그들은 곧 자기들과 물건들 사이에 보이지 않는 무엇이 가로막고 있다는 사실을 알게 됩니다. 많은 그리스도인의 삶이 바로 이와 같습니다. 그들은 보고 있지만 잡을 수는 없습니다.

우리가 보고 있는 저 아름다운 일들을 잡지 못하게 방해하는 보이지 않는 판유리는 무엇입니까? 그것이 다름이 아니라 바로 '자아의 삶'입니다. 우리는 신령한 일들을 보고 있지만 그것에 다가갈 수 없습니다. 자아의 삶이라는 보이지 않는 판유리가 막고 있기 때문입니다. 우리는 기꺼이 다가가려는 마음을 가지고 있고, 또 실제로 다가가고 있으며, 이를 위해 분투노력하고 있습니다. 하지만 그것을 얻기 위해 반드시 포기해야 하는 무언가를 놓지 않고 있습니다. 하나님께 모든 것을 드리는 일을 두려워하고 있습니다. 아직 하나님과 예수 그리스도가 모든 것이라는 사실을 이해하지 못하고 있기 때문입니다.

평강과 기쁨의 복된 삶에 관한 이야기를 들을 때마다, "하나님, 찬송을 받으시옵소서, 하나님의 말씀은 진리입니다. 나는 그 말씀을 믿습니다"라고 말합니다. 그러나 우리는 날마다 뒤로 물러납니다. 누군가 우리에게 "그것을 잡으라"고 말하면, "나는 그것을 잡을 수 없습니다. 무언가가 가로막고 있습니다" 하고 말합니다. 오, 우리가 자아의 삶을 포기할 수만 있다면, 오늘 당장 그것을 포기할 용기를 가질 수만 있다면 얼마나 좋겠습니까! 우리는 성령의 기쁨을 우리의 신앙으로 삼아야 합니다. 이것은 하나님이 우리를 위해 준비해 놓으신 신앙입니다. 평강뿐만 아니라 성령의 기쁨도 또한 우리가 요구할 수 있는 신앙입니다. 이것이 하나님의 나라입니다.

■■■ 성령님을 통해 예수 그리스도와 함께하는 기쁨

그러면 기쁨이란 무엇입니까? 무엇보다도 이것은 예수님과 함께하는 기쁨입니다. 우리는 거룩함과 봉사의 능력을 가장 중요하게 여기는 경향이 있습니다. 그러나 저는 이 두 가지보다 더 중요한 사실이 있다는 것을 알았습니다. 그것은 그리스도가 제자들과 교회와 모든 믿는 자들의 마음속에 영원히 내주하실 수 있도록 성령님이 하늘로부터 내려오셨다는 사실입니다.

주 예수님이 멀리 떠나실 것이므로 제자들은 매우 애통했습니다. 그들은 수심에 잠겼습니다. 그러나 예수님은 제자들을 위로하셨습니다. "내가 다시 너희를 보리니 너희 마음이 기쁠 것이요 너희 기쁨을 빼앗을 자가 없으리라"(요 16:22). 제자들에게 일어났던 일은 우리에게도 동일하게 일어날 것입니다. 예수님의 함께하심을 영원한 실재, 그리고 지속적인 체험으로 누릴 수 있도록 우리는 성령님을 받았습니다.

그러면 아무도 빼앗지 못할 기쁨이란 무엇이었습니까? 그것은 오순절의 기쁨이었습니다. 오순절은 어떤 날이었습니까? 주 예수님이 제자들과 함께 거하시기 위해 성령님 안에서 오신 날이었습니다. 제자들과 함께 지상에 계시는 동안, 예수님이 그들의 마음속으로 바로 들어가실 수 없으셨습니다. 제자들은 예수님을 사랑했지만 그분의 교훈은 이해할 수 없었고 그분의 성품에 참여할 수 없었으며, 그분의 영을 자기들 속으로 받아들일 수 없었습니다. 그러나 하늘로 승천하셨던 예수님이 그들의 마음속에 거하시기 위해 성령님을 보내시고 그분을 통해 제자들에게 다시 돌아오셨습니다. 오직 이것만이 목사들을 곤경에 빠져 있는 교회로 인도하고, 사업가를 판매장으로 인도하며, 어머니를 근심에 쌓인 가족들에게로 인도하고, 사역자를 성경 공부 모임으로 인도할 것입니다. 오직 이것만이 우리가 "나는 승리할 수 있다. 나는 하나님의 안식을 누리며 살 수 있다"라고 말할 수 있도록 도와줄 것입니다. 왜 그렇습니까? 전능하신 예수님이 날마다 우리와 함께하시기 때문입니다.

하나님의 백성들은 한 가지 장애 요인을 가지고 있는 듯 보입니다. 즉 그들은 자기들의 구주를 모르고 있습니다. 그들은 복되신 주님이 영존(永存)하시고 편재(遍在)하시며 내주하시는 그리스도로서, 그들의 삶 전체를 맡아주기를 기뻐하시는 분이라는 사실을 모르고 있습니다.

그들은 그분이 전능하신 그리스도시요, 모든 곤경과 어떤 환경 가운데 서라도 그들의 보호자가 되시고 그들의 하나님이 되길 기뻐하시는 분이라는 사실을 모르고 있고, 또한 믿지 못하고 있습니다. 그러나 이것은 절대적인 진리입니다.

많은 그리스도인들이 어떻게 하면 형언할 수 없는 기쁨, 아무도 빼앗아 갈 수 없는 기쁨, 그리고 예수님과 친밀한 사귐과 사랑이 마음속에 가득한 기쁨을 소유할 수 있는지 질문을 받습니다. 그러면 우리는 너무 분주해서 개인적인 기도 시간을 가질 여유가 없다고 얼버무립니다. 그러나 형제 자매여, 주 예수 그리스도가 당신의 형제로, 친구로, 그리고 영원한 손님으로 찾아오신다면, 그분이 당신의 마음속에 성령의 기쁨을 부어주실 것이고, 그러면 모든 일이 당신의 발아래 복종할 것입니다. 그리고 당신의 마음이 너무나 거룩해졌기 때문에 감히 다른 일들이 침투해 들어오지 못할 것입니다. 다른 모든 일들을 당신의 머리와 발아래 놓으십시오. 그리고 당신의 온 마음을 그리스도께 드리십시오. 그러면 그분이 당신의 삶 전체를 지켜주실 것입니다.

영광스러우시며 전능하시고 영존하시며 높이 계신 우리의 그리스도! 왜 우리는 예수님이 그분의 일을 하시리라고 온전히 믿지 못하는 것입니까? 우리는 하나님 앞에서 그분을 믿는다고, 그리스도가 매순간 우리에게 우리가 바라는 모든 것이 되어주실 줄 믿는다고 말해야 하지 않겠습니까? 갈보리 십자가 위에서 그리스도는 완전히 혼자이셨습니다. 당신은 그분이 그곳에서 완전하고 복된 일을 행하셨다고 믿고 있습니다. 그리고 지금 하늘에 계신 그리스도도 높은 제사장과 중보자로서 변함없이 완전히 혼자이십니다. 당신은 그분이 거기서 자기의 일을 행하실 것을 믿고 있습니다. 하나님을 찬양합시다. 당신의 마음속에 계신 그리스도가 조금도 다름없이 완전히 혼자서 일생 동안 마음을 지켜주실 것입니다. 부디 하나님이 모든 자녀들에게 그리스도가 마음속으로 들어오시고 그 속에 영원히 거하시면서 그들의 영혼을 그분의 안식으로 인도하시려고, 모든 이의 마음의 문밖에 서서 문을 두드리고 계신다는 사실을 계시해 주시기를 진심으로 기도합니다.

우리는 모두 기쁨의 힘을 알고 있습니다. 기쁨만큼 매력적인 것은 없으며, 또 기쁨만큼 많은 것을 참고 견디게 해 주는 것도 없습니다. 주 예수님도 앞에 놓인 기쁨을 생각하시고 십자가를 참으셨습니다. 앞날이 근심스럽고 두려우며 미심쩍다면, 바르게 살기 어려울 것입니다. 그러므로 성령의 기쁨이 우리를 위해 준비되어 있다는 사실을 믿으시기 바랍니다. 성경도 "예수를 너희가 보지 못하였으나 사랑하는도다 이제도 보지 못하나 믿고 말할 수 없는 영광스러운 즐거움으로 기뻐하니"(벧전 1:8)라고 증거하지 않았습니까? 그러므로 당신도 그리스도가 함께하시기만 한다면, 복되시고 사랑스러우시며 형언할 수 없이 아름다우신 하나님의 아들, 하늘에 계신 하나님 아버지의 기쁨이 되시는 분이 종일토록 당신의 마음에 기쁨을 채워 주시리라고 믿어야 하지 않겠습니까?

그리고 또한 신랑이 자기의 신부를 사랑하는 것보다 그분이 당신을 더욱 사랑하신다고 믿어야 하지 않겠습니까? 예수님이 당신을 그분의 피로 사셨기에 당신을 간절히 바라고 계신다면 믿어야 하지 않겠습니까? 예수님은 당신이 그분을 향한 사랑의 마음을 만족시켜 주기를 바라고 계십니다. 마음을 다해 이렇게 말할 수 있는 믿음을 가지십시오. "성령님의 기쁨은 나의 일부이다. 왜냐하면 성령님이 예수님의 임재와 사랑을 끊임없이 내게 공급해 주시기 때문이다."

■ ■ ■ 죄에서 해방되는 기쁨

두 번째로 기쁨이란 죄에서 해방되는 기쁨입니다. 성령님은 우리를 거룩하게 하시려고 오셨습니다. 그리스도는 우리의 거룩하심입니다. 그리고 성령님은 그리스도를 우리와 연결해 주시고, 그분 안에 있는 모든 것을 나타내시며, 그것을 우리 안에 재생시켜 주시려고 오셨습니다. 하나님은 일이 아닌 다른 무엇을 주목해 보신다는 사실을 우리는 기억해야 합니다. 하나님이 주목해 보시는 것은 바로 그리스도의 형상, 우리 안에 있는 그리스도의 모습과 삶입니다. 하나님이 원하시는 것은 바로 이것입니다. 그리고 우리 안에 있는 그리스도의 형상은 우리가 일하기에도 적합하게 만들어 줄 것입니다. 하나님은 그리스도를 마음 한 구석에 제쳐두고 그분과 분리된 인격체들로 살아가는 우리 안에서, 즉

추하고 불순하며 더러운 피조물들인 우리 안에서 그리스도가 사시기를 원치 않으십니다. 이것은 하나님의 참 의도가 아닙니다. 그분은 그리스도와 하나가 된 우리 안에서, 즉 생각이나 감정이나 생활 가운데 복되신 하나님의 아들의 형상이 뚜렷한 우리 안에서 그리스도가 사시기를 원하십니다. 성령님은 우리를 거룩하게 하시기 위해 오셨습니다.

형제여, 크든 작든 모든 죄에서 거룩해지기를 원합니까? 저는 당신에게 그러한 죄와 싸워 이길 힘이 있느냐고 묻지 않겠습니다. 그것을 던져버릴 힘이 있느냐고도 묻지 않겠습니다. 당신에게는 그러한 힘이 없을지도 모릅니다. 그러나 그렇게 하고픈 마음만 있다면, 그것은 별로 중요하지 않습니다. 우리는 죄를 버릴 수 없습니다. 하지만 성령님 안에서 그 일을 할 수 있는 전능하신 그리스도를 소유할 수는 있습니다. 우리 몫은 오직 그리스도께 이렇게 기도하는 것입니다. "주님, 제가 저지른 악한 행동과 죄를 당신의 발아래 놓습니다. 그것을 당신의 가슴속으로 던집니다. 주님, 만일 이 죄에서 구원을 얻을 수만 있다면, 저는 무엇이라도 할 준비가 되어 있습니다." 그러면 그리스도가 그 악한 영을 물리쳐 주시고 구원을 베풀어 주실 것입니다.

하나님의 영은 거룩합니다. 그분은 죄와 사망의 권세를 풀어 주시는 일을 하십니다. 만일 당신이 성령의 기쁨 안에 살기를 원한다면, 이러한 질문과 맞닥뜨리게 될 것입니다. "당신은 죄된 모든 것, 심지어 선해 보이는 일일지라도 그 위에 죄의 얼룩이 조금이라도 있으면, 그것을 포기할 준비가 되어 있는가?" 당신은 삶을 매우 어렵게 하는 관계들에 얽혀 있을지 모릅니다. 어떤 목사는 교인들과 매우 괴로운 관계에 빠져 있을지 모릅니다. 혹 어떤 사업가는 동업자나 반드시 교제를 나누어야 하는 일단의 사람들과의 관계 속에서 몹시 까다로운 입장에 놓여 있을지도 모릅니다. 그렇다면 복되신 하나님의 어린 양은 그 모든 것에 어느 정도 견줄 만한 가치가 있습니까? 그리스도는 당신에게 어떤 가치가 있습니까?

언젠가 제자들도 이런 질문을 받은 일이 있었습니다. "너희는 그리스도에 대하여 어떻게 생각하느냐?" 저는 당신에게 이렇게 묻겠습니다. "그리스도는 당신에게 어떤 가치가 있습니까?" 간절히 부탁합니다. 눈앞에 무슨 어려움이 있든지, 어떤 곤경이 당신을 싸고 있든지, 부디 오늘 이 시간 당신의 삶의 모든 영역을 붙들어 주님의 발아래 놓으십시오. 그분을 소유하는 것은, 그로 인해 무슨 곤경을 겪게 되든지, 그럴 만한 가치가 있습니다. 그리고 그분을 소유하는 것은 모든 곤경에 대한 해답이 될 것입니다.

우리에게는 이렇게 외적이고 눈에 보이는 어려움들과 곤경들만 있는 것이 아닙니다. 우리에게는 미워하는 감정, 비정한 말, 그리고 경솔한 판단 등과 같이 우리의 삶 속으로 들어와서 우리를 괴롭히는 수만 가지의 사소한 내적 문제들도 있습니다. 그러므로 이제 성령, 곧 거룩하게 하시는 분이 모든 죄를 씻어 주시기 위해 당신의 마음속으로 들어오셔서 통치하시고 은혜를 베풀어 주신다는 사실과 이로써 당신이 성령의 기쁨이 무엇인지 배우게 되리라는 사실을 믿으십시오.

우리의 몸은 성령님이 거하시는 성전입니다. 그러므로 이 몸은 먹고 마시는 일에 있어서도 거룩해져야 합니다. 그런데 우리는 그동안 얼마나 자주 육신을 위해 음식을 먹으면서, 자기 부인이나 자기 희생이 없이 단지 먹는 즐거움만을 취하고 추구해 왔는지요! 그리고 우리는 얼마나 자주 먹는 일로 서로를 시험해 왔으며, 또한 신자로서 얼마나 자주 자신들의 몸이 성령님의 은밀한 성전이고, 우리가 무엇을 먹고 마시든지 다 하나님의 영광을 위해서 해야 하며, 그분을 온전히 기쁘시게 하는 방법으로만 해야 한다는 사실을 잊고 살아왔는지요!

사랑하는 형제 자매여, 우리는 하나님의 안식에 들어갈 허락을 받았습니다. 그리고 이것을 위해 우리는 성령님을 받았습니다. 성령님은 그리스도의 임재를 말할 수 없는 기쁨으로, 죄로부터 벗어나서 죄를 이기는 기쁨으로, 우리가 하나님의 뜻을 행하며 하나님 앞에서 즐거워하고 있음을 깨닫는 형언할 수 없는 기쁨으로, 하나님이 그리스도의 내주하시는 성전을 거룩하게 하시며 지켜주신다는 사실을 깨닫는 순전한 기쁨으로 우리의 마음을 가득 채워주실 것입니다. 성령님의 기쁨, 하나님의 거룩함의 기쁨은 누구도 손상시키거나 오염시키거나 혹은 방해할 수 없는 하나님의 축복이요 순전함이요 완전함입니다. 성령님은 우리 삶 속에 이것을 가져오시고 나타내시기 위해 기다리고 계십니다. 그분

은 우리의 마음속으로 들어오셔서, 우리가 성령님의 사람들로서, 전인
(全人)을 다스리시는 예수님의 거룩하게 하시는 능력으로 거룩하게 된 삶
을 살기를 바랍니다.

■ ■ ■ 성도들을 사랑하는 기쁨

세 번째로 성령님의 기쁨이란 바로 성도들을 사랑하는 기쁨을 말
합니다. 오순절날, 성령님은 다른 사람들과 떨어져 있는 자들에게는 임
하지 않으셨습니다. 그분은 모든 회중에게 임하셨고 그들에게 충만하셨
습니다. 우리는 이전에 그들 사이에 얼마나 많은 분쟁과 나뉨과 자만이
있었는지 알고 있습니다. 그러나 그날 성령님이 그들의 마음에 충만하
게 임하신 이후 제자들은 주변 백성들로부터 "저들이 얼마나 서로를 사
랑하는지 보라"는 칭송까지 받게 되었습니다. 초대 교회에는 이교도들
이 눈으로 보기는 보되 이해하기는 어려운 그러한 사랑이 있었습니다.

어떻게 이런 일이 생긴 것입니까? 성령님은 성부와 성자를 연합
시키는 띠이시며, 이 띠는 바로 사랑입니다. 그리고 하나님의 사랑이신
성령님은 우리의 마음속에 거하시려고 오셨습니다. 그분이 우리와 함
께 거하시고 우리 형제와 함께 거하실 때, 우리는 서로를 사랑하는 법
을 배우게 됩니다. 우리가 때로는 타고난 본성을 좇아 사랑이 메마르게
될지라도, 혹 우리가 아주 적은 은혜만 갖고 있을지라도 우리 형제의

마음이 성령님으로 충만하다면, 이것으로 말미암아 그는 우리를 사랑할 것입니다.

사랑은 놀라운 것입니다. 누군가 사랑을 하려고 애를 쓴다면, 그렇게 노력을 기울이는 한, 그는 참사랑을 경험할 수 없습니다. 그러나 참사랑이 찾아오면, 미움이 강하면 강할수록 그 사랑은 더욱 승해집니다. 사랑은 단련하면 단련할수록, 숙달하면 숙달할수록 그 기쁨이 더욱 커지기 때문입니다. 어떤 어머니에게 자기를 거스르는 자식이 있다고 가정해 봅시다. 하지만 자식을 향한 어머니의 사랑은 활활 타올랐습니다. 자식이 전보다 더욱 심하게 타락했다는 것을 알게 되었을 때, 사랑으로 가득 찬 어머니의 마음은 자식의 모든 사악함으로 인해 그를 얼마나 더욱 애틋하게 사랑하게 되는지요!

성경은 이렇게 말하지 않았습니까? "그가 우리를 위하여 목숨을 버리셨으니 우리가 이로써 사랑을 알고 우리도 형제들을 위하여 목숨을 버리는 것이 마땅하니라"(요일 3:16). 성령님은 사랑의 영으로 오셨습니다. 당신이 성령님의 기쁨을 배우기를 원한다면, 그분이 당신을 하나님의 안식으로 인도해 주시고 그곳에서 당신을 안전히 지켜주시기를 원한다면, 당신은 그 무엇보다도 사랑 없는 마음을 더욱 경계해야 할 것입니다. 형제나 자매에 대한 냉정한 말 한마디로 인해 당신 위에 먹구름이 드리울 수도 있습니다. 사람들은 냉정하고 불친절하며 사랑이 없는 말을 하면서도 그들이 서로를 사랑하고 있는 양 꾸미는 데 익숙해져 있습니다. 그리고 그 결과로 먹구름이 찾아오면, 왜 그렇게 되었는지 의아해합니다. 하나님을 슬프시게 하는 일이 한 가지 있다면, 성령님을 거스르는 일이 한 가지 있다면 그것은 사랑이 없는 것입니다.

성령님의 기쁨 안에서 살기를 원한다면, 형제 자매를 사랑하겠다고 하나님께 약속하십시오. 당신은 이렇게 이의를 제기할지 모릅니다. "그러나 그리스도인 중에도 나를 참을 수 없게 만드는 사람이 있어요. 그는 어리석은 행동으로 나를 매우 괴롭히고 짜증나게 해요. 그리고 세속적인 사람들도 있어요. 그들은 전부터 얼마나 나를 유혹하고 내게 해를 입혀왔는지 몰라요. 그리고 나를 파산시키려고 덤벼드는 사업가도 있고요." 이 모든 사람들을 당신의 아내나 자녀나 벗들로 여기십시오. 그리고 이렇게 말하십시오. "나는 사랑이 안식이요 안식이 사랑이라는 사실을 깨달았습니다. 하나님은 자신의 사랑 가운데 안식하십니다. 사랑은 안식이요 안식은 사랑입니다. 그러므로 사랑이 없는 곳에는 안식도 있을 수 없습니다."

우리는 오늘 이렇게 말할 수 있습니다. "나는 기쁨이 무엇인지 안다. 그것은 항상 사랑하는 기쁨이다. 그것은 다른 사람들을 사랑하면서 나 자신을 잃어버리는 기쁨이다." 겸손과 관련하여 사람들은 "'존경하기를 서로 먼저 하며' 라는 구절은 무슨 뜻입니까?"라고 질문합니다. 한 영혼이 하나님 앞에서 온전한 겸손에 이르게 되면, 자기는 무가치한 자가 되고 하나님이 자기의 전부가 됩니다. 우리는 무가치합니다. 모욕을 받을 자아는 존재하지도 않습니다. 그러므로 우리는 하나님 앞에서 "나는 무가치합니다. 오직 당신의 생명과 빛만 빛날 따름입니다. 존경은 당신의 것입니다. 당신을 감화시킬 수 없는 일이라면 나도 결코 감화시킬 수 없을 것입니다"라고 고백하게 됩니다.

사랑하는 자여, 당신은 성령님의 기쁨 안에서 살고 있습니까? 부디 이 축복을 받아들이고, 자신은 무가치하게 되는 겸손한 삶, 그리고 그리스도처럼 오직 형제 자매만을 위해 살아가는 사랑의 삶을 사는 데 자신을 다 드리십시오. 하나님의 나라는 성령님 안에서 누리는 기쁨입니다.

■■■ 하나님을 위해 일하는 기쁨

마지막으로 성령님의 기쁨은 하나님을 위해서 일하는 기쁨입니다. 우리는 그동안 예수님과 함께하는 기쁨, 죄에서 구원받는 기쁨, 그리고 형제를 사랑하는 기쁨을 생각해 보았습니다. 그리고 이제 하나님을 위해 일하는 기쁨을 살펴볼 차례입니다. 우리는 때로 영원하신 하나님이 우리를 사용하셔서 어떤 일을 하신다는 것이 얼마나 이해하기 어려운 현상인가를 생각합니다. 그리하여 우리는 이렇게 기도합니다. "주님, 전능하신 주님이 제 안에서, 하찮은 벌레만도 못한 저를 통해 일하신다는 이 사실을 어떻게 이해해야 합니까?" 이것은 지식을 초월하는 신비입니다. 그러나 이것은 틀림없는 사실입니다. 성령님의 기쁨은 사람이 그리스도처럼 하나님의 사랑을 다른 사람들에게 전하는 사역에 자기 자신을 온전히 바칠 때 찾아옵니다. 그러므로 우리는 썩어 없어지기를 추구해야 합니다. 우리는 다른 영혼들을 위해 살고 죽어야 합니다. 우리는 벗들을 회개시키고 하나님께로 인도하기 위해 살고 죽어야 합니다. 거듭난 영혼의 감격에 겨운 노래를 듣는 것만큼 기쁜 일은 없습니다.

그러나 이와 비견할 만한 또다른 기쁨이 있습니다. 하나님이 우리에게 거듭난 영혼의 가슴 벅찬 노래를 듣게 하지 않으실지라도, 우리는 지상에서 줄곧 거부를 당하셨던 예수님의 삶에서 그분과 함께 기뻐하고 공감할 수 있으며, 또한 아버지 하나님이 크신 기쁨으로 우리를 바라보실 거라는 확신을 가질 수 있습니다. 저는 기독교계에 있는 수많은 그리스도인들을 생각하고, 이어서 무수한 불신자들을 생각할 때마다 이러한 외침이 절로 복받쳐 나옵니다. "우리는 무엇을 해야 합니까?" 오, 우리는 밤낮으로 하나님께 이렇게 간구해야 합니다. "주 하나님, 우리를 깨어나게 하옵소서. 성령님이 우리 안에서 불일 듯 일어나게 하옵소서."

우리는 예수님의 참된 계승자들입니까? 우리는 진실로 우리를 위해 자기의 피를 다 쏟으시려고 갈보리로 가셨던 그리스도의 참된 제자들이요 계승자들입니까? 성령님의 기쁨이 그리스도 안에서 하나님을 위해 일하는 기쁨이라는 사실을 기억하십시오. 하나님의 백성들이 하나님을 잠잠히 바라기만 한다면, 하나님이 그들을 위해 새로운 방법과 새로운 인도와 새로운 능력을 베풀어 주시리라고 확신합니다. 그러나 우리가 해야 할 최선의 일은 하나님이 주신 모든 은혜에 대해서 그분께 감사를 드리고, 우리가 맡은 일을 이룰 수 있는 모든 방법들을 주의해서 살펴보며, 우리의 일을 더 훌륭하게 해내기 위해 노력하겠다고 말하는 것입니다. 우리가 그러한 필요를 감지한다면, 우리가 성령님의 조명으로 주위의 무수한 사람들의 상태를 깨닫게 된다면, 우리가 하나님 앞에서 머리를 숙이게 될 것이며, "하나님은 이 새로운 일을 하도록 나를 도와주신다. 하나님과 함께 이 위대한 일을 수행하는 데 온 몸과 온 마음을 드릴 수만 있다면 얼마나 좋겠는가!"라고 말하게 되리라고 확신합니다. 모든 그리스도인은 하나님의 일을 하기 위해 자신을 온전히 바쳐야 합니다. 이것이야말로 우리가 반드시 해야 할 일입니다. 하나님이 성령님의 기쁨이 무엇인지 알 수 있도록 우리에게 은혜 내려 주시기를 간절히 기원합니다.

마지막으로 다시 묻겠습니다. "당신은 주 예수님, 야곱이 예언했던 우리의 실로, 우리의 여호수아, 우리의 영광스러운 왕, 우리의 대제사장, 그리고 우리의 그리스도가 당신을 오늘 하나님의 안식으로 인도해 주실 수 있다고 믿습니까?" 히브리서에 기록된 다음 구절을 기억하십시오. "성령이 이르신 바와 같이 오늘"(히 3:7). 오늘, 용기를 내서 목회 사역, 사업, 환경, 타고난 기질, 가정, 그리고 남은 생애를 앞에 놓고 이렇게 말하십시오. "나는 이것을 이해하지 못한다. 앞으로 무슨 일이 일어날지도 모른다. 하지만 이 한 가지 사실만은 알고 있다. 나는 십자가에 못 박히신 하나님의 어린 양의 손에 모든 것을 무조건 바쳤다. 이제 그분이 나의 전부를 소유하실 것이다." 사랑하는 형제 자매여, 이 사실을 기억하십시오. 그리스도는 당신이 생각하거나 이해하는 것, 구하거나 바라는 것 이상의 존재가 되어 주실 것입니다.

우리는 복되고 사랑이신 주님의 품안에 우리의 전부를 맡겨야 합니다. 그리고 우리의 여호수아가 지금이라도 우리를 하나님의 안식으로, 또한 자기 관심, 자기 본위, 자기 과신, 자기애에서 벗어나는 안식으로, 자기를 돌아보지 않고 전능하시며 무소부재하신 주님이 항상 우리와 함께하시며 우리 안에서 일하신다는 사실을 깨닫는 안식으로 인도해 주실 것을 믿어야 합니다. 이렇게 했을 때, 우리는 먼저 하나님의 나라와 그 의를 구했으므로 모든 일이 우리에게 더하여질 것이라고 확신할 수 있습니다. 하나님의 나라는 당신 안에 있습니다. 그리고 그 나라에는 성령 안에서 누리는 의와 평강과 희락이 있습니다. 바로 지금, 순전하고 어린아이와 같은 겸손한 믿음으로 이것을 구하십시오.

11. 믿음의 승리

> 그 사람이 예수께서 하신 말씀을 믿고 가더니(요 4:50).

　　먼저 요한복음 4장 46절 이하의 몇 구절을 인용하겠습니다. "예수께서 다시 갈릴리 가나에 이르시니 전에 물로 포도주를 만드신 곳이라 왕의 신하가 있어 그의 아들이 가버나움에서 병들었더니 그가 예수께서 유대로부터 갈릴리로 오셨다는 것을 듣고 가서 청하되 내려오셔서 내 아들의 병을 고쳐 주소서 하니 그가 거의 죽게 되었음이라 예수께서 이르시되 너희는 표적과 기사를 보지 못하면 도무지 믿지 아니하리라"(46-48절). 우리는 이 구절에서 '믿는다'는 말을 처음으로 봅니다.

"신하가 이르되 주여 내 아이가 죽기 전에 내려오소서 예수께서 이르시되 가라 네 아들이 살아 있다 하시니 그 사람이 예수께서 하신 말씀을 믿고 가더니"(49-50절). 여기에 믿는다는 말이 두 번째로 나옵니다. "내려가는 길에서 그 종들이 오다가 만나서 아이가 살아 있다 하거늘 그 낫기 시작한 때를 물은즉 어제 일곱 시에 열기가 떨어졌나이다 하는지라 그의 아버지가 예수께서 네 아들이 살아 있다 말씀하신 그때인 줄 알고 자기와 그 온 집안이 다 믿으니라"(51-53절). 여기에 다시 '믿음'이라는 말이 세 번째로 나옵니다.

이 이야기는 영적인 삶에서 믿음의 여러 단계를 설명하는 데 자주 인용됩니다. 영국 교회에서 시성(諡聖. 죽은 후에 성인품으로 올리는 일)된 배터즈비(Battersby)대성당 참사회 의원은 이 이야기로 믿음의 여러 단계로 설명하는 강연을 듣고 나서 안식의 충만한 기쁨으로 나아가게 되었습니다. 그는 매우 경건한 사람이었지만 실패의 나날을 보냈습니다. 그러나 이 이야기를 통해 말씀을 믿는다는 것이 무엇인지를 깨닫고 예수님의 구원하시는 능력을 믿게 되었습니다. 그날 밤 의원은 새로운 사람으로 변했습니다. 그리고 받은 말씀을 증거하기 위해 고향으로 내려가, 하나님의 인도하심을 따라 케직 사경회(Keswick Convention. 1875년부터 해마다 영국 케직에 있는 배터즈비의 사택 뜰에서 열렸던 하절기 종교 집회, 이 집회는 기도와 토론과 인격적인 교제를 통해 '실제적인 거룩함의 향상'을 도모했음 - 역주)를 창설하는 데 헌신했습니다.

■■■ 믿음의 세 단계

이제 우리가 소유한 믿음의 세 가지 단계를 말하고 싶습니다. 첫 번째 믿음은 찾는 믿음입니다. 두 번째 믿음은 발견하는 믿음입니다. 그리고 마지막 믿음은 기뻐하는 믿음입니다. 이것을 더 적합한 말로 바꾸면, 첫 번째는 애쓰는 믿음이요, 두 번째는 안식하는 믿음이며, 세 번째는 승리하는 믿음입니다.

한 남자가 있습니다. 그는 이방인으로 왕의 신하이며 예수님에 대한 이야기를 들은 적이 있었습니다. 그에게는 가버나움에서 죽어가고 있는 아들이 있습니다. 절망적인 상황에 빠진 그는 걸어서 여섯 시간 혹은 일곱 시간쯤 떨어져 있는 갈릴리 가나 지방으로 길을 나섰습니다. 그는 선지자로 보이는 어떤 사람이 물로 포도주를 만들었다는 이야기를 들어 알고 있었습니다. 또 그 선지자가 가버나움에서 다른 많은 기적들을 행했다는 이야기도 들었습니다. 그래서 예수님이 자기를 도와주실 수 있을 거라는 믿음을 갖게 되었습니다. 마침내 그는 예수님을 찾아갔습니다. 그리고 예수님께 가버나움에 내려오셔서 자기의 아들을 고쳐달라는 청을 드렸습니다. 그러자 예수님은 이렇게 말씀하셨습니다. "너희는 표적과 기사를 보지 못하면 도무지 믿지 아니하리라." 예수님은 이 왕의 신하가 주님이 직접 내려가셔서 아들을 어루만져 주시기를 바란다는 것을 알고 계셨습니다. 그에게는 "다만 말씀으로만 하옵소

서 그러면 내 하인이 낫겠사옵나이다"^(마 8:8) 하고 말했던 백부장의 믿음
이 없었습니다. 물론 그에게도 믿음이 있었습니다. 하지만 그것은 소문
으로 전해 들은 믿음이었고, 어느 정도 그리스도께 기대를 거는 믿음이
었습니다. 그리스도의 능력에 대한 그의 믿음은 예수님이 바라시는 수
준에 미치지 못하는 것이었습니다.

그럼에도 그리스도는 그의 믿음을 받아주시고 들어주셨습니다.
주님이 그 신하에게 자신이 바라시는 것, 즉 주님을 온전히 신뢰하는
믿음을 그에게 보여주시자, 그는 두 번째로 "주여 내 아이가 죽기 전에
내려오소서" 하고 간청했습니다. 그의 간절한 마음과 믿음을 보시고 예
수님은 "가라 네 아들이 살아 있다"라고 말씀하셨습니다. 그 다음 구절
을 보면 그 신하가 믿었다는 말씀이 나옵니다. 왕의 신하는 믿었습니
다. 예수님이 말씀하신 내용을 믿고, 거기서 안식을 얻고 만족했습니
다. 그래서 예수님이 말씀하신 것 이외에 다른 어떤 간청도 덧붙이지
않고 떠났습니다. 집으로 돌아가는 길에, 그의 종들을 만났는데 그에게
아들이 살아 있다고 전해 주었습니다. 그의 아들이 낫기 시작한 때를
물으니, 그 시각이 예수님이 자기에게 말씀하셨던 바로 그때인 줄 깨달
았습니다.

처음에 그는 축복을 찾고 추구하며 구하는 믿음을 가졌습니다.
그런 다음 그의 믿음은 예수님의 말씀에 그러한 축복이 내포되어 있다
는 사실을 단순하게 받아들이는 믿음으로 발전했습니다. 그리스도가

"네 아들이 살았다"라고 말씀하셨을 때, 그는 만족했습니다. 그리하여 집으로 돌아가는 중에 그 축복을 발견하게 되었습니다. 자기의 아들이 회복되었던 것입니다. 그러고 나서 그의 믿음은 세 번째 단계로 나아갔습니다. 왕의 신하는 온 집안 식구와 함께 예수님을 믿었습니다. 이 말씀은 그가 그리스도를 자기의 아들을 고쳐주실 수 있는 분일 뿐만 아니라, 주님으로 믿었다는 사실을 보여줍니다. 그리고 자기 혼자만 그렇게 한 것이 아니라 온 집안 식구와 함께 그렇게 했습니다.

많은 그리스도인들이 이 왕의 신하와 같습니다. 그들은 더 나은 삶이 있다는 말을 들었습니다. 그들은 친분이 있는 몇몇 사람들을 통해 그리스도인의 삶에 깊은 감동을 받게 되었고, 그 결과 그리스도가 인간을 위해 놀라운 일들을 행하실 수 있다는 사실을 느끼게 되었습니다. 많은 그리스도인들이 속으로 이렇게 말합니다. '나도 더 나은 삶을 살 수 있을 거야. 저렇게 복된 상태로 인도 받는다면 얼마나 좋을까!' 그러나 그들은 이것에 대해 큰 기대를 품지 않습니다. 그들은 성경을 읽고 기도도 했지만, 모든 일이 너무 어렵다는 것을 알게 되었습니다. 당신이 그들에게 "예수님이 더 나은 삶을 살 수 있도록 당신을 도와주실 수 있다고 믿나요?"라고 묻는다면, 그들은 틀림없이 "그럼요. 그분은 전능하신 분이잖아요"라고 대답할 것입니다. 덧붙여서 "당신은 예수님이 당신에게 그렇게 해주시기를 바라신다고 믿나요?"라고 묻는다면, 그들은 "물론이죠. 저는 그분이 사랑이시라는 걸 알아요"라고 대답할 것입니다. 그런 다음 "그러면 당신은 예수님이 당신을 위해 그 일을 행하실 줄 믿나요?"라는 질문을 받으면, 그들은 즉시 "예수님은 그럴 의향이 있으실 거예요. 하지만 그분이 나를 위해 실제로 그런 일을 해 주실지는 의문이에요. 나는 준비되었다는 확신이 없어요. 또 내가 그것을 받을 만큼 충분한 은혜를 받았는지도 모르겠어요"라고 대답할 것입니다.

그 결과, 그들은 굶주려 있고 갈등하고 있으며 힘겹게 노력하고 있습니다. 그리고 종종 비참한 지경에 빠지기도 합니다. 때로 이런 상태가 수년간 지속되기도 하는데, 이런 와중에서도 그들은 표적과 기사 보기를 기대하고, 하나님이 기적적으로 자기들을 바로잡아 주시기를 소망합니다. 이들은 이스라엘 백성들과 똑같습니다. 이스라엘 백성들은 이스라엘의 거룩하신 분을 일정한 한계 내에 묶어 두었습니다. 당신은 하나님이 그토록 놀라운 축복을 내려 주셨던 바로 그 백성들이 이러한 행동을 서슴지 않았다는 사실을 이미 알고 있지 않습니까? 이스라엘 백성들은 어떻게 말했습니까? "하나님은 광야에서 우리에게 물을 주셨어. 하지만 그분이 광야에서 먹을 것을 주실 수 있을까? 그러리라고 믿기지 않아." 마찬가지로 우리도 이렇게 말합니다. "물론이죠. 하나님은 기적을 행하셨어요. 구속은 기적이지요. 하나님은 내가 알고 있는 몇몇 사람들에게도 기적을 행하셨답니다. 하지만 하나님이 나같이 약한 사람을 붙드시고 온전히 바로잡아 주실 수 있을까요?"

■■■ 안식하는 마음

갈등하고 애쓰고 찾는 것, 이것은 믿음의 시작입니다. 구하고 소망하는 믿음입니다. 그러나 이제 앞으로 더 나아가야 합니다. 이러한 믿음은 어떻게 자랄 수 있습니까? 두 번째 단계를 보십시오. 왕의 신하가 있습니다. 그리스도는 그에게 이러한 놀라운 말씀을 하셨습니다. "가라 네 아들이 살아 있다." 왕의 신하는 단순한 심정으로 살아 계신 예수님의 말씀을 믿었습니다. 그 일이 이루어졌다는 증거도 없었고, 그를 부추기는 사람도 없었지만, 그는 예수님의 말씀을 믿었습니다. 신하는 이런 생각을 하면서 집으로 돌아갔습니다. '나는 그토록 찾아 헤매던 축복을 받았어. 죽어가던 내 아들이 살았다구. 살아 계신 그리스도가 내게 약속해 주셨어. 이제 나는 안식할 수 있어." 애쓰고 추구하는 믿음이 안식하는 믿음으로 변했습니다. 그는 자기 아들의 문제에 대해 안심했습니다.

사랑하는 그리스도인이여, 이것이 하나님이 우리에게 요구하시는 일입니다. 하나님은 그리스도 안에 영생이 있다고, 더 풍성한 생명이 있다고 말씀하십니다. 또한 그리스도는 우리에게 "내가 살아 있다. 그러므로 너도 살 것이다"라고 말씀하십니다. 성경은 그리스도만이 우리의 평강, 모든 적을 꺾는 우리의 승리이며, 우리를 하나님의 안식으로 인도하시는 분이라고 가르칩니다. 이것은 하나님의 말씀입니다. 성경을 보면, 모세가 할 수 없었던 일들을 그리스도가 우리를 위해 해주실 수 있다고 말합니다. 모세는 자기와 함께 거하시는 그리스도를 소유하지 못했습니다. 그러나 우리는 모세가 소유하지 못했던 것을 소유할 수 있다고 배웠습니다. 우리 마음속에 살아 계신 그리스도를 소유할 수 있습니다. 어떤 체험이나 능력에 대한 자각은 일단 제쳐두고라도, 이 사실을 믿지 않겠습니까?

하나님의 평강이 당신의 마음을 주장한다면, 평강의 하나님이 친히 당신 안에서 그 일을 이루어 주실 것입니다. 평강과 하나님은 서로 분리할 수 없습니다. 태양에서 빛을 분리할 수 있습니까? 전혀 불가능합니다. 우리에게 태양이 있다면, 우리에게는 빛도 있는 것입니다. 우리가 태양을 잃어버린다면, 우리는 빛도 잃는 것입니다. 이 점을 유념하십시오! 하나님이나 그리스도를 논외로 하고 단지 하나님의 평강이나 그리스도의 평강을 추구하는 잘못을 범하지 마시기 바랍니다.

그러면 그리스도는 어떻게 우리에게 오십니까? 앞으로 인용한 말씀에서처럼 오십니다. 예수님이 왕의 신하에게 "가라 네 아들이 살았다"라고 말씀하신 것과 같이, 그리스도는 오늘 우리에게 오셔서 이렇게 말씀하십니다. "가라, 네 구주가 살아 있다." "보라, 내가 너와 함께 있다." "나는 살아 있다. 그러므로 너 또한 살 것이다." "내가 너의 모든 삶을 맡아주려고 기다리고 있다. 너는 내가 이 일을 해 주기를 바라느냐? 악하고 약한 모든 것, 사악하고 어긋난 너의 모든 본성을 내게 맡겨

라. 죽어가고 있는 영혼, 죄로 병든 영혼을 내게 맡겨라. 그러면 내가 그것을 바로잡아 주겠다."

그리스도가 당신의 영혼에 이렇게 말씀하시는 것을 듣지 않겠습니까? "얘야, 이제 너를 유혹하는 삶의 모든 환경 속으로, 너를 위협하는 모든 역경 속으로 들어가라." 당신의 영혼은 하나님의 생명과 함께 살아갑니다. 당신의 영혼은 하나님의 능력 안에서 살아가며, 예수 그리스도 안에서 살아갑니다. 그러므로 저 왕의 신하처럼 단순한 심정으로 믿음의 걸음을 내딛으며 예수님이 말씀하신 것을 받아들여야 합니다. "주 예수님, 주님은 제게 말씀하셨습니다. 그러므로 저는 주님의 말씀을 믿을 수 있습니다. 저는 그리스도가 기꺼이 제가 생각하던 것 이상의 존재가 되어 주시리라는 사실을 알았습니다. 저는 그리스도가 기꺼이 제 생명이 되어 주시리라는 사실도 알았습니다"라고 말해야 합니다. 우리가 성령님에 대해 알고 있는 모든 지식은 이 한 구절로 요약할 수 있습니다. 성령님은 그리스도를 실재적이고 내주하시며 항상 함께하시는 구주로 만드시기 위해 오셨습니다.

■ ■ ■ 완전한 안식을 통한 승리하는 믿음

우리가 마지막으로 살펴볼 것은 승리하는 믿음입니다. 그 신하는 예수님의 약속을 굳게 붙들고 집으로 갔습니다. 그가 받은 약속은 단한 가지였습니다. 그는 그 약속을 굳게 붙들었습니다. 어떤 약속을 해 주실 때, 하나님은 그 약속을 이루어 주실 때만큼이나 우리에게 가까이 오십니다. 이 사실은 큰 위안입니다. 약속을 받을 때, 나는 또한 성취의 특권도 받는 것입니다. 하나님은 자신의 약속을 이루어 주시는 데 온 마음을 쏟으시는 것과 같이 또한 약속을 해 주시는 데에도 온 마음을 쏟으십니다. 그리고 '약속자'이신 하나님은 때로 우리가 그분에게 더 매달리고, 더 가까이 하며, 단순한 믿음으로 살고, 그분의 사랑을 흠모할 수밖에 없을 때 더욱 귀중하신 분으로 드러납니다.

약속을 의지하고 살아가는 삶을 혹여 힘겨운 삶이라고 생각하지 마십시오. 이것은 영원하신 하나님을 의지하고 사는 삶을 의미합니다. 이것을 누가 힘겹다고 말할 수 있겠습니까? 이것은 십자가에 못 박히신 분, 사랑이신 그리스도를 의지하며 사는 삶을 의미합니다. 그러므로 어려운 일이라고 말하는 것을 부끄러워하십시오. 이것은 오히려 복된 삶일 뿐입니다.

집으로 돌아간 신하는 자기 아들이 살아 있는 것을 보았습니다. 그리고 무슨 일이 일어났습니까? 두 가지 일이 일어났습니다. 첫째, 그는 예수님을 믿는 자가 되기 위해 자기의 온 생애를 바쳤습니다. 혹 가버나움의 백성들 사이에 분쟁이 일어나고 수많은 사람들이 그리스도를 반대했을지라도, 그 사람은 변함없이 예수님의 편에 섰을 것입니다. 그는 주님을 믿었습니다. 우리에게도 이와 같은 일이 일어나야 합니다.

살아 계신 그리스도가 우리를 지켜주실 거라는 사실을 바로 알고, 그분에 대한 믿음을 가지고 나아가야 합니다. 그러면 우리는 그리스도의 삶을 우리의 모든 행동 속으로, 우리의 모든 걸음과 대화 속으로 가져오는 은혜를 누리게 될 것입니다.

예수님 안에서 안식하는 믿음은 우리가 가진 모든 것을 그분에게 맡기는 믿음입니다. 하나님이 모든 일을 다 마치고 안식하셨을 때, 이것은 다만 새로운 일의 시작에 불과하지 않았습니까? 하나님은 곧이어 우주와 교회를 돌아보고 통치하시는 그 위대한 일을 수행하셨습니다. 그리고 이것은 주 예수님도 마찬가지가 아닙니까? 예수님이 모든 일을 마치셨을 때, 그분은 하늘 보좌에 오르시고 성령님을 통해 자기의 몸을 완성하시는 일을 시작하셨습니다. 그리고 이제 성령님이 이 복된 사역을 수행하십니다. 그분은 우리가 그리스도 안에서 안식하고 이러한 안식이 지속되며 우리의 온 생애가 주 예수님의 능력, 순종, 의지, 그리고 그 형상으로 가득 찰 수 있도록 가르쳐 주십니다. 그 왕의 신하는 신자가 되기 위해 자기의 온 생애를 바쳤습니다. 그날로부터 예수님을 믿는 신자 하나가 가벼나움 거리를 다니게 되었습니다. 그는 "일전에 예수님이 나를 도와 주셨다"라고 말할 수 있는 자일 뿐만 아니라, "나는 온 생애를 바쳐 그분을 믿는다"라고 말할 수 있는 자였습니다. 우리도 도처에서 이렇게 행하는 자가 되어야 합니다. 그리스도는 우리 믿음의 유일한 대상이 되어야 합니다.

요한복음 4장에 나오는 왕의 신하에 관한 이야기에서 한 가지 더 생각해 볼 점이 있습니다. 왕의 신하는 온 집안 식구들과 함께 주님을 믿었습니다. 이것은 승리의 믿음이었습니다. 그는 그리스도의 신자로서 확고히 자리를 잡은 다음, 자기의 아내와 자녀들과 종들을 불러 모으고 그들을 예수님의 발아래 놓았습니다. 당신이 집안에서 거룩한 영향력을 행사하고 싶다면, 성경 공부 모임에서 영향력을 행사하고 싶다면, 사회 집단에서 영향력을 행사하고 싶다면, 국가를 감화하는 영향력을 행사하고 싶다면, 그것이 시작되는 곳을 보십시오. 예수님의 삶을 완전히 받아들이고 그분을 완전히 신뢰하는 믿음을 통한 안식 속에서 그분과 관계를 맺으십시오. 그러면 그러한 영향력으로 말미암아 믿음으로 세상을 이기고, 믿음으로 다른 사람들에게 복을 끼치며, 믿음으로 하나님의 영광에 이르는 삶을 살게 될 것입니다.

예수 그리스도가 당신 안에 살고 계시므로 당당히 살아가십시오. 당신의 길을 가십시오. 위축되거나 두려워하지 말고 하나님의 아들의 말씀과 능력 안에서 안식을 누리십시오. "볼지어다 내가 세상 끝날까지 너희와 항상 함께 있으리라"(마 28:20). 마음을 활짝 열고 그리스도를 기쁘게 받아들이며 그분이 마음속으로 들어오셨다는 사실을 믿으면서 당신의 길을 가십시오.

우리는 분명히 공허한 기도를 드리지 않았습니다. 그리스도는 우리의 간절한 마음을 들으셨고 우리 안으로 들어오셨습니다. 이미 "가라, 네 영혼이 살았다"는 주님의 음성을 들었습니다. 그리하여 우리는 "나는 그리스도가 그분의 풍성한 삶을 내 안에 나타내 주시리라고 믿습니다. 그리스도의 은혜로 말미암아 나는 그분이 자신의 약속을 이루어 주시기를 잠잠히 바랍니다"라고 말했습니다. 그 결과, 우리는 조용히 그리고 평온하게 찬양과 기쁨과 신뢰가 넘치는 길을 걸어갈 수 있습니다. 아멘.

12. 기도의 능력의 뿌리

이와 같이 성령도 우리의 연약함을 도우시나니 우리는 마땅히 기도할 바를
알지 못하나 오직 성령이 말할 수 없는 탄식으로 우리를 위하여 친히 간구하시느니라
마음을 살피시는 이가 성령의 생각을 아시나니
이는 성령이 하나님의 뜻대로 성도를 위하여 간구하심이니라(롬 8:26-27).

　　　　로마서 8장 26-27절은 기도할 때 성령님이 우리를 어떻게 도와주
시는지에 대한 하나님의 교훈을 가르쳐 주고 있습니다. 로마서 8장의
전반부는 성령님에 관한 교훈과 밀접한 관련이 있기 때문에 매우 중요
합니다. 로마서 6장은 죄에 대하여 죽고 하나님께 대하여 사는 문제를
다루고 있습니다. 이어서 7장은 율법에 대하여 죽고 그리스도와 연합되
는 문제와 거듭나지 않은 사람은 하나님의 뜻을 행하는 데 무능력하다
는 문제를 다루고 있습니다. 이것은 우리가 얼마나 무력하지를 보여주

기 위한 준비에 불과합니다.

그 두 장에 이어서 로마서 8장은 성령의 복된 사역을 가르치고 있습니다. 그리고 이것은 "생명의 성령의 법이 죄와 사망의 법에서 너를 해방하였음이라"(2절)는 구절에 특히 잘 나타나 있습니다. 성령님은 우리를 죄의 권세에서 해방시키고, 성령님을 좇아 살 수 있도록 우리를 가르쳐 주시고 인도해 주십니다. 성령님으로 말미암아 우리는 마음속에서 육체의 행동을 극복하려는 신령한 노력과 능력을 발휘할 수 있습니다. 성령님은 우리의 연약함을 도우십니다. 기도는 신령한 삶에서 가장 필요한 일입니다. 그러나 우리는 마땅히 어떻게 기도해야 할지, 그리고 무엇을 기도해야 할지 잘 모릅니다. 바울은 성령님이 말할 수 없는 탄식으로 우리를 위해 기도하신다고 가르칩니다. 그리고 우리는 성령님이 우리 안에서 무슨 일을 하고 계시는지 모르지만, 하나님은 그분의 생각을 감찰하신다고 가르칩니다.

우리는 종종 말로써 우리의 생각과 소원을 드러내지만, 우리 마음속 깊은 곳에 들어 있는 것은 드러내지 못합니다. 그러나 하나님은 우리의 마음속을 감찰하시고, 깊은 곳에 숨어 있는 것, 즉 우리는 알 수 없지만 우리에게 말할 수 없이 필요한 무엇인가를 보십니다.

능력 있는 기도! 무지(無知)의 고백! 오 친구여, 저는 목사로서 너무 쉽게 기도하는 제 자신에 두려움을 느낍니다. 저는 50년 동안 기도를 해왔습니다. 우리는 모두 기도하기를 배워왔습니다. 그리고 예배나 모임에서 대표 기도를 하라는 지명을 받을 때, 이것은 너무나 쉬운 일이 되었습니다. 우리는 종종 진실한 기도를 드리지 않으면서도 계속 기도를 드립니다. 저는 여기에 두려움을 느낍니다.

▪▪▫ 나는 할 수 없다, 이것이 열쇠!

우리 안에 계신 성령님의 기도를 배우고 싶다면, 우리는 다음 한 가지를 해야 합니다. 즉 우리는 "나는 기도를 드릴 수 없다"는 사실을 느껴야 합니다. 사람이 낙담하여 기도를 드릴 수 없을 때, 그의 마음에 타오르는 불길이 있을 때, 어떤 부담이 그를 누르고 있을 때, 그때 무언가가 그를 하나님께로 끌어당깁니다. "나는 무엇을 기도해야 할지 모르겠습니다." 오, 이것이 오히려 복된 무지입니다. 우리는 충분히 무지합니다. 아브라함은 자기가 어디로 가야 할지 몰랐습니다. 거기에는 무지의 요소와 믿음의 요소가 있었습니다. 예수님은 제자들이 좌우편 보좌를 요구하며 나왔을 때, "너희는 너희가 구하는 것을 알지 못하는도다"(막 10:38)라고 말씀하셨습니다. 바울도 "사람의 일을 사람의 속에 있는 영 외에 누가 알리요"(고전 2:11)라고 말했습니다.

"내가 어머니나 대학 교수님, 혹은 그동안 체험한 것에서 배운 기도들을 하지 않는다면, 도대체 어떤 기도를 해야 한단 말입니까?"라고 묻는 사람이 있습니다. 그들에게는 새로운 기도를 하라고, 즉 하나님의 풍성함으로 더 높이 올라가라고 대답하고 싶습니다. 이제 자신의 무지를 깨달아야 합니다. 자기가 모든 것을 알고 있다는 착각 속에 빠져 있는 대학 신입생이 있다면 어떨까요? 그는 많은 것을 배우지 못할 것입니다. 아이작 뉴턴 경(Sir Isaac Newton)은 이렇게 말했습니다. "세상이 나를 어떻게 평가하는지는 모르겠으나, 내가 생각하기에, 나는 그저 바닷가에서 놀다가 가끔씩 흔한 것보다 좀더 매끄러운 조약돌이나 혹은 좀더 예쁜 조개껍질을 발견한 어린아이에 불과한 것 같다. 진리의 넓은 바다는 내 앞에 모든 것을 감추어 놓고 있다."

　　유창하고 매끄럽게, 그리고 손쉽게 기도할 수 없는 사람을 만나면, 저는 그것이 성령님이 함께하신다는 사실을 나타내는 한 특징이라고 말합니다. 그가 "하나님, 저는 더 많은 것을 원하고, 더 깊은 곳으로 인도받기를 원합니다. 저는 그동안 불신자들을 위해 기도해 왔습니다. 하지만 이제 저는 새로운 방식으로 그들의 짐을 느끼고 싶습니다"라고 말하며 자기의 기도를 시작할 때, 이것은 성령님의 임재를 나타내는 것입니다. 사랑하는 형제여, 당신이 시간을 들여서, "지금까지 조금도 기도를 드리지 않았다"는 사실을 느끼게 될 때까지 하나님이 불신자의 짐을 당신 위에 더 무겁게 하시기를 구한다면, 이것은 당신의 생애에서 가장 복된 일이 될 것입니다.

■ ■ ■ 무지할 때 성령님이 일하신다

교회와 관련한 문제를 한번 살펴봅시다. 우리는 이 땅에서 그리스도의 교회의 일원으로서 자리잡기를 원합니다. 그리고 그 큰 몸에 속하였을 때, 이렇게 말하기를 좋아합니다. "주 하나님, 이 땅의 교회를 축복하고 부흥시키며 모든 세속적인 것들과 연약함에서 구원할 방법이 없을까요?" 우리는 서로 의논한 후, 믿음 없이 이렇게 결론짓습니다. "아니요, 우리는 무엇을 해야 할지 모르겠습니다. 우리는 모든 목사님들과 그들의 교회에 대해 영향력도 없고 힘도 없습니다." 하지만 우리가 하나님 앞에 나와서 "주님, 우리는 무엇을 구해야 할지 모릅니다. 하지만 주님은 무엇이 합당한지를 알고 계십니다" 하고 기도를 드린다면 이것은 얼마나 복된 일이겠습니까! 우리가 무지를 깨닫기만 한다면, 성령님이 우리 안에서 백 배로 간구해 주실 것입니다. 그때야 비로소 우리가 성령님을 의지해야 한다는 사실을 깨닫게 되기 때문입니다.

부디 하나님이 기도에 대한 우리의 무지와 우리의 무능함을 가르쳐 주시고, 또한 우리가 "주님, 우리는 기도할 수 없습니다. 우리는 기도가 무엇인지 모릅니다" 하고 말할 수 있도록 인도해 주시기를 진심으로 기도합니다. 물론 우리 중 몇몇은 어느 정도 기도가 무엇인지 알고 있고, 또 하나님이 기도를 응답해 주신 것에 대해 감사하고 있습니다. 그러나 이것은 하나님의 성령이 가르쳐 주시는 것에 비하면 작은 시작에 불과합니다.

여기서 우리가 첫 번째로 살펴볼 문제는 우리의 무지입니다. "우리는 마땅히 기도할 바를 알지 못하나." 그러나 "오직 성령이 말할 수 없는 탄식으로 우리를 위하여 친히 간구하시느니라." 우리는 놀라운 구속을 행하시고 완성하시는 성부 하나님과 성자 하나님과 성령 하나님의 사역에 대해 종종 듣게 됩니다. 우리는 하나님이 세상을 창조하셨을 때 피곤치 않으셨다고 알고 있습니다. 그러나 출애굽기에 나오는 안식일에 관한 기록을 읽어보면 다음과 같은 놀라운 표현과 마주칩니다. "나 여호와가 엿새 동안에 천지를 창조하고 제칠일에 쉬어 평안하였음이니라"(출 31:17, 개역한글). 하나님은 안식일에 쉬시며 원기를 회복하셨던 것입니다.

하나님은 일하셔야 했습니다. 그리스도도 일하셔야 했습니다. 그리고 이제 성령님이 일하십니다. 그분이 일하시는 은밀한 장소, 모든 일이 시작되는 장소는 그분이 어떻게 기도해야 하는지를 가르쳐 주시기 위해 오시는 사람의 마음입니다. 사람에게 필요한 것은 무엇이고, 약속 받은 것은 무엇이며, 하나님이 무엇을 이루시려고 기다리고 계시는지를 바라볼 수 있는 통찰력을 얻게 되면, 그는 즉시 이것이 자기의 인식을 초월하는 문제라는 사실을 깨닫게 됩니다. 그리고 나서 그는 이렇게 말할 준비를 갖추게 됩니다. "나는 이스라엘의 거룩하신 자를 내 생각으로 제한할 수 없습니다. 나는 성령님이 나를 위해 말할 수 없는 탄식과 열정으로 기도해 주시리라는 믿음 안에서 나 자신을 바칩니다."
당신도 이렇게 기도해 보십시오.

■ ■ ▮ ▮ 기도의 다양한 측면 **경배, 친교, 중보**

기도에는 다양한 측면이 있습니다. 사람이 크신 하나님을 찬양하기 위해 고개를 숙이기만 해도, 거기에는 경배의 측면이 있습니다. 경배하기 위해 우리 생각은 필요 없습니다. 은밀히 경배를 드리는 일, 다시 말해서 하나님이 우리를 가리고 덮으시며 자신의 사랑과 영광을 가득 채워 주실 수 있도록, 영원하신 하나님과 대면하는 일이 필요합니다. 우리가 하나님을 더 자주 뵙기 위해 다른 여러 가지 기쁨들을 포기하고 심지어는 우리가 하는 일의 일부까지라도 단념할 수 있도록, 우리 안에서 그러한 열정을 일으켜 주실 수 있는 분은 오직 성령님뿐입니다.

기도의 또 다른 측면은 친교입니다. 기도에는 왕에 대한 경배만 있는 것이 아니라, 하나님의 자녀로서의 친교도 있습니다. 그리스도인들은 이러한 친교를 위해 거의 시간을 들이지 않습니다. 그들은 기도를 소원을 아뢰기 위해 나아가는 것으로만 알고 있습니다. 그러나 그리스도가 나를 지금의 나로 만들어 주셨다면, 나는 마땅히 하나님과 교제를 나누기 위해 머물러 있어야 합니다. 하나님이 내 마음속에 사랑을 쏟고 비추시며 활활 타오르게 하셨다면, 마땅히 그분과 함께 거할 시간을 마련해야 합니다. 대장장이는 강철 막대를 불에 달굽니다. 그런데 만일 강철 막대를 짧은 시간만 불에 집어넣으면, 막대는 뜨겁게 달궈지지 않을 것입니다. 대장장이는 그것을 꺼내서 다른 작업을 하는 데 사용하고 잠시 후에 다시 몇 분간 그것을 불에 집어넣을지도 모릅니다. 그래도 강철이 뜨겁게 달궈지기에는 충분치 않습니다. 그날 대장장이는 강철을 불에 아주 여러 번, 2-3분씩 달궜지만 모두 부족했습니다. 대신 강철 막대를 시간을 들여서 10-15분 간 불에 두었다면, 막대는 불의 열기로 뜨겁게 달궈졌을 것입니다.

우리도 강철 막대와 비슷합니다. 하나님의 거룩하심과 사랑과 능력의 불로 들어가고 싶다면, 우리는 하나님과 교제를 나누는 데 시간을 더욱 많이 들여야 합니다. 아브라함이나 모세 같은 인물이 그토록 많은 능력을 가질 수 있었던 비결도 바로 이것이었습니다. 그들은 하나님과 교제를 나누는 데 특출한 사람들이었습니다. 그래서 살아 계신 하나님은 그들에게 강한 힘을 주셨습니다. 저는 여러분이 그 기도의 능력을 깨닫기를 간절히 소망합니다.

기도의 또 다른 중요한 측면은 중보입니다. 하나님이 자신의 제사장으로 삼으신 자들에게 열어 놓은 놀라운 일이 있으니 바로 중보입니다. 이사야 선지자의 글에서 우리는 놀라운 표현을 발견합니다. 하나님은 "나를 붙잡으라"고 말씀하셨습니다. 그러나 이사야는 "스스로 분발하여 주를 붙잡는 자가 없사오니"(사 64:7)라고 말합니다. 그 외 여러 구절에서도 하나님은 이스라엘의 중재자들에 관하여 말씀하셨습니다.

여러분은 하나님을 붙든 일이 있습니까? 하나님께 감사합시다. 우리 중 몇몇은 분명히 그렇게 했습니다. 그러나 그리스도의 교회의 지도자 여러분, 하나님이 우리에게 교회의 부흥을 구하는 열렬한 기도가 얼마나 있었는지, 하나님이 이 지상에서 예루살렘을 영광스럽게 해 주실 때까지 얼마나 그분께 간청하고 매달렸는지 알게 하신다면 저는 우리가 모두 크게 부끄러워하리라고 생각합니다. 우리는 성령님이 말할 수 없는 탄식으로 우리를 위해 그리고 우리 안에서 기도하실 수 있도록 그분께 온 마음을 바쳐야 합니다.

우리 안에 이러한 성령님을 받아들이려면, 우리는 어떻게 해야 합니까? 성령님은 마음에 거하실 시간과 공간을 원하십니다. 온 마음과 온 몸을 원하십니다. 우리의 모든 관심과 힘이 하나님의 영광과 명예를 드높이는 데 발휘되기를 원하십니다. 그분은 우리가 스스로를 포기하기를 원하십니다. 친애하는 그리스도인이여, 여러분은 중보를 위해 자신을 포기한다면 자신이 무슨 일을 할 수 있을지 모를 것입니다. 그 일은 몇 년 동안 침대에 누워 있는 병자가 할 수 있는 일입니다. 그것은 선교회에 단돈 천 원도 내기 어려운 가난한 자가 매일매일 할 수 있는 일입니다. 그것은 부모님 밑에서 가사를 돌봐야 하는 어린 소녀가 성령님으로 말미암아 매일 할 수 있는 일입니다.

사람들은 종종 우리 시대의 교회가 일반 대중에게 너무도 무력하다는 사실을 느끼고 있기 때문에 떨리는 심정으로 묻습니다. "우리가 런던, 베를린, 뉴욕, 그리고 파리 같은 곳에 퍼져 있는 물질주의나 불신앙에 대항하여 무엇을 할 수 있습니까?"라고요. 그동안 우리는 무력감에 빠져서 그것을 포기해 왔습니다. 오, 우리가 서로 연대하여 하나님을 붙들어야 한다는 도전을 받을 수만 있다면! 저는 어떤 기도 모임이나 정기적인 기도 시간을 말하고 있는 것이 아닙니다. 제가 말하는 것은 하나님께 부르짖기 위해 자기의 삶을 다 바친 사람들을 발견하신다면, 성령님이 틀림없이 그들에게 찾아오실 거라는 사실을 말하고 있는 것입니다. 그리스도가 주시는 평강과 안식과 축복을 말할 때, 우리가 구하는 것은 이기주의나 단순한 행복이 아닙니다. 하나님은 우리를 원하시고, 그리스도도 우리를 원하십니다. 그 이유는 하나님이 어떤 일을 하셔야 하기 때문입니다. 갈보리의 사역이 우리 안에서 완성되어야 하기 때문에, 우리는 사람들을 위해 하나님께 간구하는 데 우리의 삶을 다 바쳐야 합니다. 성령님이 우리 안에서 역사하심으로 하나님께 기쁨을 드릴 수 있도록, 우리는 매일매일 자신을 바쳐야 하고 하나님께 간구해야 합니다.

■ ■ ■ **무릎을 꿇을 때 얻는 축복**

마지막으로, 우리가 기도할 때 하나님은 만족한 심정으로 자기 자녀의 태도를 보시려고 오십니다. 아마도 이 가난한 자는 자기가 기도하고 있다는 사실을 모를 것입니다. 자기 기도를 부끄러워할지도 모릅니다. 그래서 이것은 훨씬 더 귀중합니다. 그는 부담스럽고 불안한 심정을 느낄 수도 있습니다. 그러나 하나님은 성령님의 마음에 있는 것을 들으시고 감찰하시며 응답해 주실 것입니다. 이 놀라운 신비를 생각하십시오. 보좌에 앉으신 아버지 하나님은 그 영광의 풍성함을 따라 우리에게 축복을 내려주시려고 준비하고 계십니다. 밤낮으로 간구하시는 전능하신 대제사장, 그리스도! 그분의 온 인격은 하나의 중보입니다. "당신의 교회에 복을 내리소서"라는 기도가 예수님으로부터 아버지 하나님께로 끊임없이 상달되고, 그 응답이 아버지로부터 아들에게로, 아들로부터 교회에게로 하달됩니다. 그리고 이것이 우리에게 이르지 않는다면, 그것은 우리의 마음이 닫혀 있기 때문일 것입니다.

마음을 열고 넓혀서 이렇게 간구하십시오. "하나님, 저를 돌아보사 끊임없이 하나님 앞에 들어가고 하나님을 붙들며 죽어가는 제 이웃들에게 복을 끼칠 수 있는 제사장으로 만들어 주옵소서!" 하나님은 예수님의 중보를 자녀들의 마음속에서도 발견하시기를 원하시며, 그것을 발견하실 때 기뻐하십니다. 그리고 마음을 감찰하시는 하나님은 또한 성령님의 생각을 아십니다. 왜냐하면 성령님이 하나님의 뜻대로 성도들을 위해 간구하시기 때문입니다.

어떤 사람은 '성도를 위해' 라는 말을 신자들 속에 계신 찬양의 영이 세계 도처에 있는 '성도를 위해' 간구하신다는 뜻이라고 말했습니다. 모든 사람을 위해 기도하고 자기 자신에게만 만족하지 말라는 하나님의 말씀이 끊임없이 우리에게 내려옵니다. 이 땅에 있는 수많은 교인들, 무수한 불신자들, 회심은 했지만 아직도 세속적이고 무심한 많은 회심자들을 생각해 보십시오. 이름만 그리스도인이고 실제로는 하나님을 욕되게 하는, 무수한 명목상의 그리스도인들을 생각해 보십시오! 우리가 행복할 수 있겠습니까? 그 영혼들의 짐을 진다면, 우리가 이렇게 태평스럽고 즐거울 수 있겠습니까? 하나님이 당신에게 평강과 기쁨을 주신 것은 당신이 그리스도의 구원의 기쁨 가운데 영혼들의 짐을 질 수 있도록 강해지라는 목적에서였습니다.

"나는 할 수 있는 한 거룩해지려고 애쓰고 있습니다. 제 주위에 있는 저 세속적인 교인들을 어떻게 대해야 하겠습니까?"라고 말하는 사람들은 그리 많지 않습니다. 그러나 우리 손이 심각한 병에 걸렸다면, 우리 몸이 "나는 저것과 아무 상관이 없다"라고 말할 수 없을 것입니다. 백성들이 범죄했을 때, 에스라는 옷을 찢고 재에 엎드려 죄를 자백했습니다. 그는 백성들을 대신해서 회개했습니다. 느헤미야도 자기 민족이 죄를 범했을 때, 그들이 조상의 하나님께 불순종한 것을 애통해하면서 죄를 자복하고 하나님 앞에 자기를 던졌습니다. 다니엘도 이와 똑같이 했습니다. 우리 신자들도 이렇게 해야 하지 않겠습니까? 우리들이 죄가 조금도 없는 사람들이라고 한번 가정해 봅시다. 이때 우리는 죄를 자백할 수 있겠습니까? 죄가 조금도 없으신 그리스도를 생각해 보십시오! 그분은 죄인들과 함께 세례를 받는 강으로 내려오셨습니다. 예수님은 자신을 그들과 한 가지로 놓으셨습니다.

하나님은 그동안 우리에게 자신이 누구인지 아느냐고 물으셨습니다. 그리고 지금 그분은 우리에게 이 땅의 교회에 속해 있느냐고, 주변의 죄의 짐을 지고 있느냐고 물으십니다. 이제 하나님 앞으로 나아갑시다. 하나님이 성령님으로 말미암아 우리에게 교회의 상태를 말할 수 없이 슬퍼하는 심령과 또한 그분 앞에서 애통해할 수 있는 은혜를 내려 주시기를 간절히 기원합니다. 우리가 교회의 죄악을 자백하기 시작할 때, 이전에 한번도 느껴보지 못했던 스스로의 죄악들을 깨닫게 될 것입니다. 아시아의 일곱 교회에 보낸 사도의 서신 가운데, 다섯 가지의 주제가 "회개하라"는 것이었습니다. 우리는 그리스도의 교회의 편에 서서 회개해야 합니다. 그러면 하나님이 우리에게 담력을 주셔서, 우리는 그분이 자기의 사역을 부흥시키실 거라는 확신을 갖게 될 것입니다.

13. 하나님이 만유의 주로서 만유 안에 계시도록!

그 후에는 마지막이니 그가 모든 통치와 모든 권세와 능력을 멸하시고 나라를 아버지 하나님께 바칠 때라 그가 모든 원수를 그 발아래에 둘 때까지 반드시 왕 노릇 하시리니 맨 나중에 멸망 받을 원수는 사망이니라 만물을 그의 발 아래에 두셨다 하셨으니 만물을 아래에 둔다 말씀하실 때에 만물을 그의 아래에 두신 이가 그 중에 들지 아니한 것이 분명하도다 만물을 그에게 복종하게 하실 때에는 아들 자신도 그때에 만물을 자기에게 복종하게 하신 이에게 복종하게 되리니 이는 하나님이 만유의 주로서 만유 안에 계시려 하심이라(고전 15:24-28).

이 말씀은 세계 역사의 위대한 드라마, 그리고 그리스도의 구속의 위대한 드라마의 장엄한 결론입니다. 장차 복되신 아들이 아버지 하나님이 자기에게 주셨고 또한 자기의 피로 사셨으며 자기의 영광의 보좌에서 세우시고 완성하셨던 그 나라를 바칠 날이 올 것입니다. 그날의 영광은 너무 커서 인식하기조차 어렵고, 그날의 신비는 너무 깊어서 깨달을 수 없습니다. "그가 … 나라를 아버지 하나님께 바칠 때라." 하나님이 만유의 주로서 만유 안에 계실 수 있도록 아들 자신도 아버지 하나님께 복종하실 것입니다.

영원하시고 복되신 아들은 영원부터 영원까지 하나님과 동등하십니다. 그리고 또 한편으로 보좌 위에 계신 그 영원하시고 복되신 아들은 아버지께 복종하실 것입니다. 그날에는 우리의 이해를 완전히 초월하는 어떤 방식으로, 전과는 비교할 수 없이 명백하게, 하나님이 만유의 주로서 만유 안에 계시게 될 것입니다. 그리스도는 바로 그 일을 위해 일해 오셨고 지금도 일하고 계십니다. 그리스도는 그것이 자기의 피를 흘려도 좋을 만큼 값진 일이라고 생각하셨습니다. 그리스도는 우리들 각자 안에 이것이 이루어지기를 바라고 계십니다. "하나님이 만유의 주로서 만유 안에 계시려 하심이라." 이것이 기독교의 본질이요 영광입니다.

■ ■ ■ 만유의 주로서 만유 안에 계시는 하나님

하나님의 나라가 이 땅에 임하는 것이 그리스도의 마음을 가득 채우고 있다면, 이것이 그리스도의 사역의 궁극적인 목적이라면, 그리고 그리스도의 영이 우리 안에 가득 차기를 우리가 원한다면, 우리 인생의 좌우명도 "하나님이 만유의 주로서 만유 안에 계시도록"이 되어야 하지 않겠습니까? 우리도 만물이 하나님께 복종하고 그분 안에 귀속되기를 간절히 원해야 하지 않겠습니까? 교회가 진실로 이러한 가치를 들고 싸우기만 한다면 장차 얻게 될 승리는 얼마나 대단하겠습니까! 하나님을 오직, 충만히, 완전히 섬기는 것, 그분이 만유의 주로서 만유 안에 계시도록 하는 것! 이것이 우리의 온 몸과 온 마음을 얼마나 고귀하게 하고 넓혀 주며 고무시켜 주겠습니까! 나는 하나님이 만유의 주로서 만유 안에 계시도록, 그 영광의 날이 속히 올 수 있도록, 일하고 있고 싸우고 있습니다. 나는 하나님이 만유의 주로서 만유 안에 계시도록 기도하고 있고, 성령님도 이를 위해 말할 수 없는 열심으로 내 안에서 분투 노력하고 계십니다. 우리 그리스도인들이 우리가 일하고 기도하는 목표가 얼마나 위대한지 깨닫는다면, 그리고 우리가 속해 있는 하나님 나라와 우리가 준비하고 있는 하나님의 나타나심이 얼마나 위대한지를 알게 되기를 간절히 바랍니다.

하나님의 나라에 속한다는 것, 그리고 지상에 있는 영광스러운 그리스도의 교회에 속한다는 것이 얼마나 위대한 것인지를 설명하기 위해 존 맥네일(John McNeill)은 다음과 같은 예화를 들었습니다.

아직 나이 어린 열두 살 소년이었을 때, 맥네일은 한 철도 회사에서 일주일에 6실링이라는 엄청난 임금을 벌게 되었습니다. 그래서 그는 집으로 돌아가 자기를 단지 어린 철부지로만 치부해 왔던 어머니와 누이들에게 자기가 어떤 지위에 있는지를 자랑삼아 떠벌림으로써 그들을 깜짝 놀라게 했습니다. 그는 큰 자부심을 가지고 곧잘 이렇게 말했습니다. "우리 회사는 얼마나 큰지 일 년에 수천 파운드나 벌어요. 이용하는 승객도 일년에 수십만 명이구요. 철길도 엄청나게 길어요. 엔진이며 객차도 수없이 많고요. 일꾼도 수천 명이에요!" 그래서 어머니와 누이들은 그를 크게 자랑스럽게 여기게 되었습니다. 왜냐하면 맥네일은 너무나 중요한 일에 한몫 하는 일꾼이었기 때문입니다.

그리스도인들이여, 우리가 각성하여 그리스도가 아버지 하나님이 만유의 주로서 만유 안에 계실 수 있도록 그분께 드리려고 준비하고 계시는 그 위대한 나라에 속해 있다는 사실을 믿기만 한다면, 그 나라의 영광이 얼마나 우리의 마음을 채울 것이며 비천하고 비열하고 세상적인 모든 것을 내쫓게 되겠습니까! 우리는 그리스도가 나라를 아버지 하나님께 바치실 그날을 위해 살고 있습니다. 우리는 이것을 위해 살고 있고, 언젠가 그분이 아버지 하나님께 복종하시고 하나님이 만유의 주로서 만유 안에 계시는 것을 보게 될 것입니다. 우리는 그분을 위해 살고 있습니다. 그리고 장차 그곳에서 우리는 목격자로서 뿐만 아니라, 그 모든 것에 참여하는 자로서 있게 될 것입니다. 드려진 하나님의 나라, 복종하시는 아들, 그리고 만유의 주로서 만유 안에 계시는 하나님! 우리는 그것의 일부가 될 것이고, 경배하는 중에 그 영광과 축복을 나누어 가질 것입니다.

우리는 모두 이 한 가지 생각, 이 한 가지 믿음, 이 한 가지 목적, 이 한 가지 기쁨이 우리의 삶을 지배할 수 있도록, 마음속으로 본향을 굳게 붙들어야 합니다. 바로 하나님이 만유와 주로서 만유 안에 계시도록 하는 것입니다. 그리스도는 사셨고 죽으셨으며 통치하고 계십니다. 그리고 우리도 이 목적을 위해 살고 죽으며 그분의 능력 안에서 통치하고 있습니다. 이것이 우리의 온 마음과 온 삶을 사로잡게 해야 합니다.

■■■ 하나님을 하나님의 자리로!

그렇다면 어떻게 해야 '하나님이 만유와 주로서 만유 안에 계시는 것'이 우리 소망이자 삶의 목적이 될 수 있을까요? 이것은 매우 심각한 질문입니다. 저는 질문에 대해 몇 가지 간단한 대답을 제시하고 싶습니다. 먼저 "당신의 마음과 삶에서 하나님을 제자리에 놓으라"는 것입니다. 루터는 여러 가지 문제를 들고 자기에게 물으러 오는 사람들에게 이렇게 대답하곤 했습니다. "하나님이 하나님 되시게 하라"(Do let God be God). 하나님께 제자리를 돌려 드리십시오. 그 위치란 무엇입니까? 그것은 하나님이 만유의 주로서 만유 안에 계시는 것입니다. 하나님이 매일, 아침부터 저녁까지 만유의 주로서 만유 안에 계시게 하십시오. 하나님은 통치하시고 우리는 복종합니다. 오, "하나님, 그리고 나!"라고 말하는 것은 얼마나 복됩니까! 내가 그런 협력자를 가졌다는 것은 얼마나 큰 특권입니까! 먼저 하나님, 그 다음 나! 그러나 하나님과 우리가 연합을 이룰 때, 거기에는 심오한 자기 고양(self-exaltation)이 있을 것입니다.

그러나 저는 성경에서 이보다 더 소중한 말을 발견했습니다. "하나님, 그리고 나는 무(無)." 이것은 "하나님이 첫 번째, 그리고 나는 두 번째"가 아닙니다. 하나님이 모든 것이고 나는 아무것도 아니라는 뜻입니다. 바울은 "내가 모든 사도보다 더 많이 수고하였으나 내가 한 것이 아니요"(고전 15:10)라고 말했습니다. 하나님께 제자리를 돌려 드리기 위해 노력합시다. 우리의 골방에서, 예배에서, 기도에서 이 일을 시작합시다. 기도의 능력은 거의 대부분 기도를 받으시는 분이 누구인가에 대한 이해의 정도에 달려 있습니다. 우리의 기도 시간이 비록 30분밖에 되지 않을지라도, 먼저 하나님의 능력과 사랑과 친밀함 속에서, 우리를 축복하시려고 기다리고 계시는 그 크신 하나님을 알기 위해 시간을 내는 일은 무엇보다도 중요합니다. 이것은 무수한 간청을 쏟아놓고 무수한 언약을 주장하면서 반나절을 보내는 것보다 훨씬 더 가치가 있습니다. 중요한 것은 우리가 전능하신 사랑의 품에 우리의 간구들을 쌓고 있다는 사실을 느끼는 것입니다.

무엇보다도 먼저, 무엇보다도 우선하여, 우리는 기도하기 전에 하나님의 영광과 임재를 깨닫는 시간을 가져야 합니다. 모든 기도에서 하나님께 제자리를 돌려 드리십시오. 하나님이 제자리를 차지하시도록 허락하십시오. 우리가 하나님께 보좌 위에 제자리를 드릴 수 없습니다. 어떤 의미에서는 우리는 이것을 할 수 있고, 또 그렇게 해야 합니다. 그러나 중요한 것은 우리가 비록 그 자리가 무엇인지 깨달을 수 없을지라도 하나님이 점진적으로 친히 자기 자신과 자신의 자리를 계시해 주실 것이라는 사실을 느끼는 것입니다. 우리는 태양이 무엇인지 어떻게 알았습니까? 태양이 빛을 비추고 있고, 그 빛 속에서 태양이 무엇인지 보았기 때문에 태양을 알 수 있었습니다. 태양은 스스로를 증거합니다. 태양이 빛을 비추지 않는다면, 어떤 철학자도 태양이 무엇인지 우리에게 말해 줄 수 없을 것입니다.

하나님 앞에서 잠잠하고 신뢰하며 안식하십시오. 그러면 영원하신 하나님이 당신의 마음에 빛을 비춰주시고 자기 자신을 계시해 주실 것입니다. 이렇게 되면, 우리가 태양빛을 받는 것이 자연스러운 것과 같이, 빛이 환히 비치므로 어려움 없이 책에 인쇄된 글자들을 읽을 수 있는 것과 같이, 하나님이 그분을 바라는 영혼들에게 자기를 친히 계시해 주시고 자신의 임재를 실재로 만들어 주시는 일도 자연스러운 일이 될 것입니다. 하나님은 자녀들 앞에서 하나님으로서 제자리를 취하실 것입니다. 그리하여 자녀들은 마음속으로 "하나님이 여기 계시고, 하나님이 자기를 알게 하신다"는 사실을 절대적으로 그리고 가장 중요한 일로 여기게 될 것입니다.

사랑하는 그리스도인이여, 하나님께 우리의 첫자리를 드리는 것, 하나님이 우리에게 지금까지 한 번도 느껴보지 못했던 그런 친밀함으로 가까이 다가오시는 것, 그리고 무엇보다도 하나님이 변함없고 깨어지지 않는 친교 속에서 우리를 찾아오시는 것, 이것이 우리의 열망이 아닙니까? 하나님은 하루 종일 우리 앞에서 그분의 자리를 취하실 수 있습니다. 저는 이미 말했던 것을 다시 한번 강조하고 싶습니다. 하나님이 이전의 가르침을 통해서 새로운 교훈을 주셨기 때문입니다. 하나님이 태양빛을 그토록 부드럽게, 따사롭게, 밝게, 온 우주에 충만하게 그리고 그치지 않게 만드셨기에 우리가 그것을 누리는 데 있어서 한순간도 괴로움을 당하지 않는 것과 같이, 하나님의 친밀하심이 우리의 영원한 일부라는 사실은 우리에게 태양이 빛을 비추는 것보다 훨씬 더 실재적인 일이 될 수 있습니다. 우리는 모두 매일의 생활 속에서 "하나님이 만유의 주로서 만유 안에 계시게 하겠습니다"라는 기도를 드려야 합니다.

■ ■ ■ 하나님의 뜻을 받아들이라

하나님이 만유의 주로서 만유 안에 계시도록 하나님께 제자리를 돌려 드려야 할 뿐만 아니라, 두 번째로 우리는 모든 일에 그분의 뜻을 받아들여야 합니다. 우리는 모든 섭리 가운데 그분의 뜻을 받아들여야 합니다. 그분의 섭리가 혹은 유다 같은 자의 배반일지라도, 혹 우리를 적에게 넘겨주는 빌라도 같은 자의 무심함일지라도, 혹은 고난, 혹은 유혹, 혹은 번민, 혹은 근심일지라도, 그 안에서 하나님을 바라보고 그것을 우리에 대한 하나님의 뜻으로 받아들여야 합니다. 우리를 찾아오는 온갖 종류의 고난은 우리에 대한 하나님의 뜻입니다. 사람이 잘못되는 것은 하나님의 뜻이 아니지만, 그가 고통스러운 환경 가운데 놓이는 것은 하나님의 뜻입니다. 우리를 향하신 하나님의 뜻이 아닌데도, 우리에게 어떤 고난이 찾아오는 일이란 결코 없습니다. 그리고 우리가 그 가운데서 하나님을 바라보는 것을 배운다면, 그때 우리는 오히려 그러한 고난을 환영하게 될 것입니다.

남아프리카에서 오지(奧地)로 장거리 여행을 떠난 남편을 둔 아내가 있다고 가정해 봅시다. 남편은 몇 달 동안 우체국도 없는 먼 곳에서 보내야 합니다. 아내는 남편의 소식이 몹시 궁금합니다. 몇 주 동안 아내는 남편의 편지나 기별을 전혀 받아보지 못했습니다. 어느 날 문밖에 나가 있던 그 아내는 크고 잔인한 카피르족(Kafir. 남아프리카 공화국 케이브 주의 카프라리아에 거주하는 반투 어족 원주민 – 역주) 한 사람이 자기 집을 향해 걸어오는 것을 보게 되었습니다. 그는 얼굴이 사납게 생겼고 창과 방패도 들고 있었습니다. 그녀는 깜짝 놀라서 집 안으로 쏜살같이 달려가 문을 걸었습니다. 이내 그 원주민이 와서 문을 쾅쾅 두드렸습니다. 그녀는 공포로 와들와들 떨며 하인을 먼저 밖으로 내보냈습니다. 원주민을 만나고 돌아온 하인은 "그 사람이 마님을 뵙겠다는데요"라고 말했습니다. 무서움에 잔뜩 질린 채로 그녀는 원주민을 만나러 나갔습니다.

원주민은 날짜가 한참 지난 신문 한 장을 들고 있었습니다. 알고 보니 그는 한 달 동안이나 걸어서 남편의 기별을 갖고 온 것이었습니다. 그리고 그 더러운 신문지 속에는 잘 지낸다는 남편의 편지가 들어 있었습니다. 아내는 남편의 편지에 얼마나 기뻤겠습니까! 그녀는 그 험악하게 생긴 원주민이 자기를 공포에 떨게 했다는 사실을 깨끗이 잊어버렸습니다. 그리고 다시 몇 주가 지났습니다. 그녀는 이제 그 흉하게 생긴 카피르족 심부름꾼을 손꼽아 기다리게 되었습니다! 오랫동안 심부름꾼이 다시 오기를 기다린 후에, 이번에는 그녀 쪽에서 그를 맞으러 달려 나갔습니다. 그는 사랑하는 남편으로부터 온 심부름꾼이기 때문입니다. 그녀는 그 거북스러운 외모에도 불구하고, 그가 사랑을 나르는 심부름꾼이라는 사실을 알게 되었습니다.

사랑하는 그리스도인이여, 당신은 시련과 근심과 실망이, 비록 손에는 창이 들고 사납고 험악한 인상을 가졌지만, 예수님께로부터 곧장 달려온 심부름꾼이라는 사실을 배웠습니까? "내 마음을 찌르거나 다치게 할 고통이나 상처는 아무것도 없다. 이것은 모두 예수님께로부터 나온 것이고 사랑의 메시지를 전하는 것일 뿐이다"라고 말하는 법을 배웠습니까? 그렇지 않다면 오늘부터라도 "나는 모든 고난을 환영한다. 이것은 모두 하나님께로부터 오는 것이기 때문이다"라고 말하기를 배우지 않겠습니까? 하나님이 만유의 주로서 만유 안에 계시기를 바란다면, 당신은 모든 섭리 가운데 하나님을 바라보고 만나야 합니다. 모든 일에서 하나님의 뜻을 받아들이기를 배우십시오! 부디 모든 고난에 대해서 예외없이 "이것을 보내신 분이 바로 아버지 하나님이시다. 나는 이것을 그분의 심부름꾼으로 받아들인다"라고 말하기를 배우십시오. 그러면 지상에 있는 것이든 지옥에 있는 것이든 그 무엇도 당신을 하나님에게서 떼어놓지 못할 것입니다.

▪ ▫ ▫ 하나님의 능력을 신뢰하라

하나님이 당신의 마음과 생활 속에서 만유의 주로서 만유 안에 계시기를 원한다면, 당신은 그분이 제자리를 차지하시도록 허락하고 그분의 모든 뜻을 받아들일 뿐만 아니라, 세 번째로 그분의 능력을 신뢰해야 합니다. 성경은 하나님의 능력을 이렇게 말합니다. "너희 안에서 행하시는 이는 하나님이시니 자기의 기쁘신 뜻을 위하여 너희에게 소원을 두고 행하게 하시나니"(빌 2:13). 다른 구절에서는 "평강의 하나님이 모든 선한 일에 너희를 온전하게 하사 자기 뜻을 행하게 하시고 그 앞에 즐거운 것을 예수 그리스도로 말미암아 우리 가운데서 이루시기를 원하노라"(히 13:20-21)고 말합니다. 종종 스스로의 나약함과 연약함과 비어 있음을 불평하는 사람들이 있습니다. 그러나 이런 것들을 꺼려하지 마십시오. 하나님은 우리를 그분의 충만과 능력을 가득 채워 넣을 수 있는 빈 그릇으로 만드셨습니다. 이 교훈을 힘써 배우시기 바랍니다.

저는 이것이 쉽지 않음을 알고 있습니다. 바울이 사도가 된 지 한참 뒤에, 주 예수님은 아주 특별한 방식으로 바울을 찾아오셔서 그에게

"도리어 크게 기뻐함으로 나의 여러 약한 것들에 대하여 자랑하리니"(고후 12:9)라고 말하는 법을 가르쳐 주셨습니다. 바울은 하늘의 계시를 많이 받았으므로 자고할 위험이 있었습니다. 그래서 예수님은 그를 괴롭히는 육체의 가시, 곧 사탄의 사자를 보내셨습니다. 바울은 이를 위해 기도를 드렸고 여러 가지 애를 썼으며 이것을 말끔히 제거해 달라고 간청했습니다. 그러나 예수님은 그를 찾아오셔서 이렇게 말씀하셨습니다. "네가 그 괴로움을 그냥 겪으며 사는 것이 내 뜻이다. 네게는 그것이 필요하다. 나는 그 고통 속에서 네게 놀라운 축복을 내려 줄 것이다." 바울의 삶은 이 순간을 기점으로 변화하게 되었습니다. 그는 이렇게 말하게 되었습니다. "전에 나는 이 사실을 몰랐다. 그러나 지금부터 나는 나의 여러 약한 것들을 자랑할 것이다. 왜냐하면 내가 약할 그때에 오히려 내가 강하기 때문이다."

진정으로 하나님이 만유의 주로서 만유 안에 계시기를 바라십니까? 당신의 연약함을 자랑하는 것을 배우십시오. 하나님 앞에서 경배를 드리기 전에 이렇게 말하는 시간을 가지십시오. "태양, 달, 별들, 그리고 꽃들을 다스리는 전능하신 하나님의 능력이 내 안에서 일하고 계신다. 이것은 내가 살아 있는 것만큼이나 분명한 사실이다. 전능하신 하나님의 능력이 내 안에서 일하고 계신다. 그러므로 내가 할 일은, 무릎을 꿇고 잠잠히 기다리는 것뿐이다. 나는 그분의 뜻에 더 순종하고 복종해야 한다. 나는 하나님을 더욱 신뢰하고 그분이 내 안에서 그분의 뜻을 행하실 수 있도록 마음을 드려야 한다." 하나님이 당신과 동행하실 수 있도록 마음을 여십시오. 그분이 당신 안에서 역사하실 수 있도록 마음을 활짝 여십시오. 그러면 그분이 당신 안에서 능력 있게 일하실 것입니다. 깊은 고요함은 종종 가장 고귀한 행동의 영감(靈感)이 됩니다. 하나님의 많은 의인들의 체험에서 우리는 이것을 보아 왔습니다. 그리고 이것은 우리에게 필요한 바로 그 체험, 순종과 믿음의 고요함 속에서 하나님의 역사하심이 명백하게 드러나는 바로 그 체험입니다.

▪▪▪ 나를 제물로 바쳐

하나님이 만유의 주로서 만유 안에 계시기를 원한다면, 네 번째로 당신은 모든 것을 그분의 나라와 영광을 위해 제물로 바쳐야 합니다. "하나님이 만유의 주로서 만유 안에 계시도록!" 이것은 그리스도가 친히 "이것을 위해 나는 목숨을 버릴 것이다. 이것을 위해 나는 모든 것을 줄 것이며, 십자가에서 죽기까지 그렇게 할 것이다. 이것을 위해 나는 나 자신을 버릴 것이다"라고 말하셨을 만큼 그렇게 고귀하고 영광스럽고 거룩한 목적입니다. 하나님이 만유의 주로서 만유 안에 계시는 것이 그리스도에게 그 정도의 가치가 있었다면, 우리에게는 덜하겠습니까? 어떤 사람이 나사렛 예수에게 "당신은 무엇 때문에 육체로 오셨습니까? 육체로 온 가장 고귀한 목적은 무엇입니까?"라고 물었다면, 그분은 "내 육체의 목적과 영광은 내가 그것을 하나님께 제물로 바칠 수 있다는 점이다. 이것이 전부이다"라고 대답하셨을 것입니다. 정신을 가진 목적, 돈을 가진 목적, 자녀를 둔 목적은 무엇입니까? 그것은 우리가 그것들을 하나님께 바칠 수 있다는 것입니다. 하나님이 모든 것에서 만유의 주로서 만유 안에 계셔야 하기 때문입니다.

하나님이 우리에게 그의 나라와 그의 영광에 대한 이와 같은 통찰력을 주셔서 다른 것은 모두 사라지게 하시기를 간절히 기도합니다. 이러한 통찰력을 얻는다면, 그리고 당신에게 30년 정도 되는 여생이 남아 있다면, 당신은 "삶의 아름다움과 가치는 내게 하나님이 만유의 주로서 만유 안에 계시도록 하는 것, 그리고 다른 사람들에게 하나님이 만물보다 뛰어나시다는 사실과 하나님이 가득 채워 주실 수 있도록 삶을 그분께 바칠 때에만 삶이 진실로 살 만한 가치가 있다는 사실을 말해주는 것이다"고 말하게 될 것입니다. 우리는 모든 것을 하나님의 나라와 그분의 영광을 위해 제물로 바쳐야 합니다.

다음과 같은 기도로 하루를 시작하십시오. "하나님 아버지, 제 자신을 하나님께 바칩니다. 하나님이 만유의 주로서 만유 안에 계시기를 진심으로 원합니다." 당신은 "제가 이것을 깨달을 수 있을까요?"라고 물을지 모릅니다. 물론 그럴 수 있습니다. 다음과 같은 방법을 취한다면 말입니다. 먼저 당신은 성령님이 당신 안에 거하실 수 있도록 해야 합니다. 그리고 성령님이 하나님의 임재와 뜻을 당신 안에 계시해 주기를 부르짖으시면서 말할 수 없는 탄식으로 하나님께 간구하시게 해야 합니다. 로마서 8장에서 바울은 모든 피조물의 탄식을 언급했습니다. 피조물은 무엇을 바라며 탄식하고 있습니까? 그것들은 구속, 곧 하나님의 자녀들의 영광과 자유를 바라며 탄식하고 있습니다. 그리고 저는 바울이 성령님의 탄식에 대해 말했을 때, 그가 이것을 하나님이 만유의 주로서 만유 안에 계시게 될 그날을 소망하는 말할 수 없는 탄식으로 생각하고 말했을 거라고 확신합니다.

■■■ 온종일 끊임없이 하나님을 바라라

그리스도인이여, 시간을 제물로 드리십시오. 당신의 관심사들을 제물로 드리십시오. 하나님이 만유의 주로서 만유 안에 계시도록 기도하고 바라고 부르짖으면서, 당신의 가장 아름다운 심적 능력들을 제물로 바치십시오. 그리고 하나님이 만유의 주로서 만유 안에 계시기를 원한다면, 이제 마지막으로 당신은 하루 종일 끊임없이 그분을 바라야 합니다. 앞에서 저는 첫 번째 조건으로 하나님께 합당한 자리를 드리라고 말했습니다. 그러나 이 결론 부분에서 이것을 더 중점적으로 논의하고 싶습니다. 하루 종일 끊임없이 하나님을 바라보십시오. 그리고 이렇게 하려면, 항상 하나님 앞에서 살아야 합니다. 이것을 위해 우리는 구속을 받았습니다. 히브리서에서 사도는 "우리가 예수의 피를 힘입어 성소에 들어갈 담력을 얻었나니"(10:19)라고 말하지 않았습니까?

천국에서 우리가 살게 될 거룩한 곳은 하나님이 계시는 곳입니다. 하나님의 영원하신 임재는 하나님의 모든 자녀의 유산입니다. 이것은 태양이 빛을 발하는 것과 같이 틀림없는 사실입니다. 아버지 하나님은 결코 자녀에게 얼굴을 숨기지 않으십니다. 오직 죄와 불신이 그것을 숨길 따름입니다. 그러나 아버지 하나님은 자녀들의 얼굴 위에 자기의 사랑을 온종일 비추십니다. 그 태양은 낮이나 밤이나 빛을 발합니다. 당신의 태양은 결코 지는 법이 없습니다. 이제 이것을 바라십시오. 하나님 앞에서 삶을 누리십시오. 진실로 그분 앞에, 그분 장막의 은밀한 곳에 영원한 처소가 있습니다. 어떤 사람은 이것을 다음과 같이 아름답게 노래했습니다.

어디를 가든지,
저 위대한 임재가 나와 함께하도다
말할 수 없는 이 기쁨
방해할 수 없는 이 안식.
어디에서든지,
저 거룩한 곳의 복된 고요
예배를 드리는 경외하는 심정의 고요
그분 앞에서의 침묵.

이것은 다음과 같은 기도를 드리는 자들의 몫입니다. "내가 주님께 바라는 한 가지 소원, 그리고 앞으로도 추구할 한 가지 소원, 그것은 여호와의 집에 살면서 여호와의 아름다움을 바라보며 하루 종일 주님의 집에 거하는 것입니다"(참고. 시 27:4). "주님의 장막 은밀한 곳에 나를 숨겨 주소서"(참고. 시 27:5). 그러면 하나님이 우리를 들어 올리시고 우리를 그곳에 거하게 하실 것입니다. 그리고 우리의 모든 일이 그분 안에서 이루어지게 될 것입니다.

사랑하는 형제 자매여, 지속적으로 하나님을 바라십시오. 그분 앞에서 살지 않는다면, 우리는 이 일을 이룰 수 없습니다. 우리는 그분 앞에서 살아야 합니다. 그러면 하나님을 바라는 복된 습관이 자연스럽게 생길 것입니다. 하나님을 바라는 데 어려움을 겪는 이유는 대부분의 그리스도인들이 하나님의 가까이하심을 깨달으려 하지 않고 하나님께 첫자리를 내드리려 하지 않기 때문입니다. 그러나 우리는 이것을 힘써야 합니다. 우리는 하나님이 은혜로 이것을 우리에게 주실 것을 믿어야 합니다. 우리는 하루 종일 하나님을 바라야 합니다.

어떤 이는 "내 눈이 항상 여호와를 바라봄은"이라고 말했습니다. 하나님께 인도를 구하고 바라십시오. 그렇게 하면, 당신이 그렇게 그분을 열렬히 바란다면, 그분도 당신을 봉사의 새로운 능력으로, 그분과 함께하는 사귐의 새로운 기쁨으로 끌어올려 주실 것입니다. 하나님은 당신을 더 큰 믿음으로 인도하실 것입니다. 하나님은 당신이 그분에게서 새로운 것들을 기대할 수 있도록 당신을 준비시켜주실 것입니다. 사랑하는 형제 자매여, 우리는 하나님이 자기 자신을 그분께 온전히 드린 사람들에게 무슨 일을 해 주실지 다 헤아릴 수 없습니다. 그분의 이름을 찬양합시다! 우리는 각자 이렇게 말해야 합니다. "내 안에서, 내 주변에서, 그리고 내 교회에서, 전 세계에 걸쳐 하나님이 만유의 주로서 만유 안에 계시도록 하는 것! 나는 끊임없이 이 한 가지 목적을 위해 애쓰고 기도하며 살고 죽기를 기원합니다."

큰 나무의 시작은 깨알 같은 씨입니다. 겨자씨가 자라서 새가 둥지를 틀 만한 나무가 되는 것입니다. 본문이 말하는 그 위대한 날, 그리스도가 아버지 하나님께 복종하시고 그 나라를 아버지 하나님께 바치시며 하나님이 만유의 주로서 만유 안에 계실 그날, 이것은 하나님의 나라의 큰 나무입니다. 즉 그 나라가 완성되고 온전한 영광에 이르는 날인 것입니다. 우리는 모두 그 영광의 씨를 마음에 품어야 합니다. 우리는 "아멘, 주여, 이것이 제 유일한 소망입니다. 다른 사람들이 하나님을 알도록 말하고 일하고 기도하고 살아가는 것이 제 삶입니다. 제가 편히 쉬지 않고 오직 하나님이 실로 만유의 주로서 만유 안에 계시게 될 그날, 영광의 그날을 직시하면서 말할 수 없는 탄식으로 애쓰시는 성령님께 순종하는 것이 제 삶입니다"라고 고백하고 겸손한 순종과 복종으로 경배해야 합니다.

하나님은 우리 각 사람을 도우십니다. 하나님은 자기의 이름을 위하여, 우리 각 사람이 그분과 그리스도께 순종하고 이것을 우리의 매일의 삶으로 삼을 수 있도록 도우십니다. 아멘.